教育部高校思想政治理论课教师研究专项《"老西藏精神"融入西藏高校思政课教学研究》
（项目批准号：21JDSZK003）项目资助出版

"老西藏精神"融入
高校思政课教学研究

侯林 著

辽宁人民出版社

© 侯林　2023

图书在版编目（CIP）数据

"老西藏精神"融入高校思政课教学研究 / 侯林著. —— 沈阳：辽宁人民出版社，2023.12
ISBN 978-7-205-11030-7

Ⅰ.①老… Ⅱ.①侯… Ⅲ.①高等学校—思想政治教育—教学研究—中国 Ⅳ.① G641

中国国家版本馆 CIP 数据核字（2023）第 251591 号

出版发行：辽宁人民出版社
　　　　地址：沈阳市和平区十一纬路 25 号　邮编：110003
　　　　电话：024-23284325（邮　购）024-23284300（发行部）
　　　　http：//www.lnpph.com.cn

印　　刷：辽宁盛通印刷有限公司
幅面尺寸：170mm×240mm
印　　张：10
字　　数：210 千字
出版时间：2023 年 12 月第 1 版
印刷时间：2023 年 12 月第 1 次印刷
责任编辑：李翘楚
装帧设计：意·装帧设计
责任校对：耿　珺
书　　号：ISBN 978-7-205-11030-7
定　　价：68.00 元

前 言

　　2020年8月,习近平总书记在中央第七次西藏工作座谈会上强调要"努力建设团结富裕文明和谐美丽的社会主义现代化新西藏",并要求广大干部特别是西藏干部要发扬"老西藏精神"。2021年7月,在庆祝西藏和平解放70周年之际,习近平总书记到西藏考察,他在接见驻西藏部队官兵代表时强调,要贯彻新时代党的强军思想,贯彻新时代军事战略方针,大力发扬"老西藏精神"。"老西藏精神"形成于20世纪五六十年代,是进藏的人民军队和党员干部在西藏革命、建设、改革过程中逐步形成、发展和完善的党的宝贵精神财富,是中国共产党人崇高品质与西藏特殊实际相结合的丰硕成果。"老西藏精神"是继红船精神、井冈山精神、苏区精神、长征精神、延安精神、西柏坡精神之后的又一重要革命精神,是西藏红色文化基因的最生动体现。

　　党的二十大报告提出,中国共产党的中心任务就是团结带领全国各族人民全面建成社会主义现代化强国、实现第二个百年奋斗目标,以中国式现代化全面推进中华民族伟大复兴。对此,西藏自治区各级党委和政府也进一步明确了新征程上的重任,即奋力推进新时代西藏长治久安和高质量发展、全面建设社会主义现代化新西藏、谱写好以中国式现代化全面推进中华民族伟大复兴的西藏篇章。开展"老西藏精神"融入高校思政课教学研究,不仅有利于丰富高校

思政课的教学内容，提高思政课教学的针对性和亲和力，而且有利于继续深化"老西藏精神"研究，更好推动西藏社会主义现代化建设。

"老西藏精神"与高校思政课教学高度契合。以"特别能吃苦、特别能忍耐、特别能战斗、特别能团结、特别能奉献"为核心要义的"老西藏精神"作为中国共产党人精神谱系在雪域高原上的具体体现，是高校思政课教学的宝贵资源。两者在价值导向、内容倾向、行动指向等三个方面高度契合。一是价值导向贯通，"老西藏精神"不仅是进入新时代实现中华民族伟大复兴的重要保证，更是共筑雪域高原中国梦的精神引领，与高校思政课教学在价值导向上高度贯通，两者都服务于塑造具有爱党、爱国、爱社会主义核心价值观的时代新人，这是"老西藏精神"融入高校思政课教学的价值基础。二是内容倾向融通，"老西藏精神"有着丰富的汉藏和美实践根源，深深根植于中华五千多年的优秀传统文化土壤，不断丰富马克思主义理论和中国具体实际相结合的实践基础，是中国共产党人初心使命的真实呈现，与高校思政课教学的内容倾向上高度融通。三是行动指向共通，"老西藏精神"是在中国共产党领导下，在西藏和平解放、民主改革、社会主义建设和改革开放的伟大实践中逐步形成和发展起来的，并在中国特色社会主义的伟大实践中不断赋予新的时代内涵，"老西藏精神"与高校思政课教学在实践指向上具有共通性，都致力于引导新时代大学生以自身的实际行动为实现中华民族伟大复兴添砖加瓦，引导大学生内化于心、外化于行，这是"老西藏精神"融入高校思政课教学的实践基础。"老西藏精神"融入高校思政课还具有重要的价值意蕴。一是育人育才价值，有利于培养担当民族复兴大任的时代新人。二是立德施教价值，有利于锤炼新时代思政课教师高尚师德。三是教育教学

价值，有利于丰富思政课教学内容、创新思政课教学方式、深化高校思政课教学改革和增强思政课教学实效。

本书为教育部高校思想政治理论课教师研究专项《"老西藏精神"融入西藏高校思政课教学研究》（项目批准号：21JDSZK003）项目研究成果。课题组是一支由江苏电子信息职业学院、西藏职业技术学院和拉萨师范高等专科学校三所高校思政课骨干教师和教学管理人员共同组成的研究团队，课题组根据课题的研究内容和思政课教学改革实践，整理形成了本书。本人负责全书的设计、编写、审稿等工作，赵盼盼、毛志远、戴存凤、吕晓等老师参加了本书具体章节的编写工作，西藏职业技术学院张艾平主任在本书编写过程中提供了指导和帮助，在此表示感谢。全书共分为两个部分：第一部分是关于"老西藏精神"融入高校思政课的理论研究。首先，分析"老西藏精神"的科学内涵和时代价值。其次，从生成动力、生成基础和生成途径三方面厘清"老西藏精神"的思想政治教育价值生成逻辑。第三，从历史逻辑、理论逻辑、实践逻辑方面分析了"老西藏精神"融入高校思政课教学的内在逻辑。第四，从价值导向、内容倾向、行动指向等三个方面论证了"老西藏精神"融入高校思政课教学的价值意蕴。第五，探讨了"老西藏精神"融入高校思政课教学的原则、维度和路径。第二部分是关于"老西藏精神"融入高校思政课的教学案例。在这一部分，以本科、专科院校共同开设的《思想道德与法治》（2023版）和《毛泽东思想和中国特色社会主义理论体系概论》（2023版）课程为例，将"老西藏精神"案例依次融入各个专题的课堂教学中，每个案例结合课程知识点，从案例导读、案例文本、案例点评、链接知识四个方面进行系统梳理。

党的二十大报告强调,"弘扬以伟大建党精神为源头的中国共产党人精神谱系,用好红色资源,深入开展社会主义核心价值观宣传教育,深化爱国主义、集体主义、社会主义教育,着力培养担当民族复兴大任的时代新人。"在向第二个百年奋斗目标迈进过程中,青年应从中国共产党人精神谱系中汲取历史智慧和前行动力,在弘扬中国共产党人精神谱系中更好地践行使命担当。"老西藏精神"作为中国共产党人精神谱系在雪域高原上的具体体现,是高校思政课教学的宝贵资源。2010年,中央召开第五次西藏工作座谈会后,"老西藏精神"学术成果呈现逐年上升的趋势,但与红船精神、井冈山精神、延安精神等其他中国共产党人精神谱系的研究差距甚大,本书只是抛砖引玉,相信今后会有越来越多的同仁加入研究、传承和弘扬"老西藏精神"这一伟大事业中来,"老西藏精神"也将更加全面深入地融入高校思政课教学。但由于水平有限,虽经数番校订,仍难免有挂一漏万、失之偏颇之处,恳请各位专家和同仁斧正!

侯林

目 录

前 言 / 001

第一部分
"老西藏精神"融入高校思政课理论研究

第一章 "老西藏精神"的科学内涵及时代价值 / 002
　　第一节 "老西藏精神"的科学内涵 / 002
　　第二节 "老西藏精神"的时代价值 / 008

第二章 "老西藏精神"思想政治教育价值的生成逻辑 / 015
　　第一节 生成动力：思想政治教育的发展需求 / 015
　　第二节 生成基础："老西藏精神"的深厚内蕴 / 020
　　第三节 生成途径：丰富的思想政治教育实践 / 022

第三章 "老西藏精神"融入高校思政课教学的内在逻辑 / 032
　　第一节 "老西藏精神"融入高校思政课教学的三重逻辑 / 032
　　第二节 "老西藏精神"融入高校思政课教学的内在耦合性 / 034

第四章 "老西藏精神"融入高校思政课教学的价值意蕴 / 038
　　第一节 育人育才价值：培养担当民族复兴大任的时代新人 / 038
　　第二节 立德施教价值：锤炼新时代思政课教师高尚师德 / 042

第三节　教育教学价值：深化高校思政课教学改革 / 043

第五章　"老西藏精神"融入高校思政课教学的原则、维度和路径 / 045

第一节　"老西藏精神"融入高校思政课教学的原则 / 045

第二节　"老西藏精神"融入高校思政课教学的维度 / 047

第三节　"老西藏精神"融入高校思政课教学的路径 / 051

第二部分
"老西藏精神"融入高校思政课教学案例

第一章　"老西藏精神"融入《思想道德与法治》教学案例 / 061

第一节　领悟人生真谛　把握人生方向 / 061

第二节　追求远大理想　坚定崇高信念 / 068

第三节　继承优良传统　弘扬中国精神 / 075

第四节　明确价值要求　践行价值准则 / 081

第五节　遵守道德规范　锤炼道德品格 / 088

第六节　学习法治思想　提升法治素养 / 094

第二章　"老西藏精神"融入《毛泽东思想和中国特色社会主义理论体系概论》教学案例 / 101

第一节　历史抉择：马克思主义中国化 / 101

第二节　旭日东升：毛泽东思想及其历史地位 / 104

第三节　旗帜道路：新民主主义革命理论 / 109

第四节　一化三改：社会主义改造理论 / 111

第五节　筚路蓝缕：社会主义建设道路初步探索的理论成果 / 115

第六节　伟大创举：中国特色社会主义理论体系的形成发展 / 122

第七节　开篇之作：邓小平理论 / 129

第八节　立党之本："三个代表"重要思想 / 135

第九节　继往开来：科学发展观 / 139

参考文献 / 147

第一部分

"老西藏精神"融入高校思政课理论研究

第一章
"老西藏精神"的科学内涵及时代价值

"老西藏精神"是中国共产党人精神谱系的重要组成部分，是中国共产党人及广大军民在长期复杂的西藏革命和建设实践中表现出来的崇高理想、坚定信念和优秀品质，是党的方针政策与西藏实践相结合的产物，是党的宗旨在西藏工作中的具体体现，既有西藏的地域特色，又有中国共产党人的理想、信念和追求的共性特征，是中华民族自强不息的民族精神和品格在雪域高原的传承和弘扬，它与井冈山精神、长征精神、延安精神、西柏坡精神等一脉相承，是伟大建党精神的生动写照，是中国精神的重要组成部分，习近平总书记曾多次指出要大力传承和发扬"老西藏精神"，其首要工作就是加强其科学内涵和时代价值研究。

第一节 "老西藏精神"的科学内涵

截至目前，学界对于"老西藏精神"的科学内涵界定尚未完全统一，随着中国共产党带领广大军民建设社会主义现代化新西藏的不断实践，"老西藏精神"的具体内容日渐得到充实，它的内涵也得到了与时俱进的丰富。依照笔者拙见，以"特别能吃苦、特别能战斗、特别能忍耐、特别能团结、特别能奉献"为主要内容的"老西藏精

神"的科学内涵至少包括以下五方面的内容：

一、自力更生、艰苦奋斗的优良作风

自力更生、艰苦奋斗是中国共产党战胜一切艰难险阻的强大精神力量。西藏军民以大无畏的英雄气概和积极进取的革命乐观主义精神，不断克服恶劣的自然环境、落后的基础设施等客观条件，以顽强拼搏的精神取得了一个又一个的伟大胜利，逐步改变了西藏地区的贫穷落后面貌，切实改善了西藏人民的生活水平。

西藏地区平均海拔 4000 米以上，年平均气温 0 摄氏度以下，空气含氧量稀薄，生态环境承受能力弱。第十八军进藏过程中，不仅要经受住地势险恶、高寒缺氧、气候恶劣等自然环境的考验，还要面临交通闭塞、物资匮乏、供给保障不足等问题，进藏部队所需物质几乎全靠内地供应。进藏部队在极度艰苦的环境下，毫不退缩，坚持"进军西藏、不吃地方"，"一手拿枪、一手拿镐"，凭借着不屈不挠、坚忍不拔的革命意志，不断克服与战胜困难，忍受着不同程度的高原反应，向荒野进军、向土地要粮，完成了开山修路、拓荒生产、民主改革和社会主义建设等一系列艰巨任务，"冒着风雪严寒砍野树、清乱石、挖草皮、撬冻土，起早贪黑地忘我劳动。"他们以苦为乐，以苦为荣，在进军中既当战斗队和生产队，又当工作队和宣传队。长期以来，一代又一代共产党员舍弃常人所拥有的、放弃常人所享受的，扎根雪域高原，凭借着自力更生、艰苦奋斗、攻坚克难、以苦为乐的创业精神，保持战略定力，永不停歇再出征、永远奋斗再创业。

二、敢于斗争、不怕牺牲的革命精神

进藏部队、援藏干部不惧任何困难,不畏任何强敌,不怕流血牺牲,在解放西藏、平叛斗争、民主改革、社会主义革命和建设新西藏的过程中表现出"敢教日月换新天"的革命英雄主义精神和"一不怕苦、二不怕死"的革命乐观主义精神。

解放前,西藏没有一里公路、一辆汽车,交通极为不便,运输全靠人背畜驮。为了改变交通状况,中国人民解放军、工程技术人员和各族人民群众组成的十余万人的筑路大军,发扬"让高山低头,让河水让步"的大无畏精神,用汗水、热血和生命,在世界屋脊修通了总长3400公里的青藏、川藏公路,使生命禁区成为坦途。"据不完全统计,中国人民解放军以牺牲4000多名年轻官兵的生命为代价,建成了川藏、青藏、滇藏、新藏、中尼、拉贡等200多条公路,总长1.74万公里,占西藏公路总里程的80%。"在履行捍卫国家主权与领土完整的神圣使命中,中国人民解放军也表现出敢于斗争、不怕牺牲、争取胜利的革命英雄主义精神。1959年7月6日,驻藏战士田都来在围歼纳木湖叛匪的战斗中,只身勇战群匪,负伤13处,歼敌11名,被原西藏军区授予"孤胆英雄"荣誉称号。1962年,面对印度军队的恶意挑衅,驻藏边防部队广大官兵敢于斗争,表现出"一不怕苦、二不怕死"的英雄气概,对印军进行英勇的自卫反击战,并取得了胜利。2020年,印度军队在西藏边境的加勒万河谷地区越线修建基础设施,企图单方面改变两国边境的管控现状。面对印军这种非法越境行为,驻藏边防官兵勇于斗争、舍生忘死,英勇抵抗,有效捍卫了国家主权和领土完整。

三、严守纪律、心系人民的政治觉悟

人民性是马克思主义最重要、最鲜明的理论特质，中国共产党是一个在马克思主义指导下建立起来的无产阶级政党，中国共产党遵守"人民利益高于一切"的原则，坚持全心全意为人民服务的根本宗旨，这是"老西藏"们战胜一切困难和敌人的最主要的精神支柱与力量源泉。

西藏是一个以藏族为主体的多民族杂居地区，民族宗教问题错综复杂。早在第十八军接受命令进军西藏之初，时任西南军区政委的邓小平就郑重交代军部领导张国华，进藏部队所担负的任务不仅是军事任务，更是政治任务，要妥善处理民族宗教问题。在解放西藏时，第十八军等部队遵守党中央的民族和宗教政策，严格执行"三大纪律、八项注意"，尊重宗教信仰和风俗习惯，注重军政军民团结，每到一地，解放军入乡随俗，保护和尊重藏族人民的经塔、神山、神树、马尼堆以及一切宗教建筑和风俗习惯，没有因为信仰不同而和僧俗群众发生文化冲突。第十八军"宁愿饿断肠、不杀藏民一只羊"，无论是狂风暴雨，还是冰雹大雪，坚持野外就餐，席地过夜，从不进寺庙、不住民房。在西藏建设时期，驻藏部队和干部与西藏人民荣辱与共，风雨同舟，保持与人民群众的血肉联系，最大程度上团结了西藏各阶层人民。援藏干部中的典型代表孔繁森，他以"青山处处埋忠骨，一腔热血洒高原"的志气，舍弃家庭的温暖和舒适的生活条件，毫不犹豫地奔赴西藏，投身于西藏的建设事业中。"为解除人民群众遭受自然灾害之忧，他跋山涉水、爬冰卧雪、吃方便面、啃干馍馍，寻求救灾方略；为解除人民群众之苦，他为重病的藏族老人吸痰，为

冻伤的藏族老人暖脚，对饥寒中的群众倾囊相助。"进藏部队及援藏干部能够自觉执行党的方针政策，严格遵守党的纪律，他们与各族人民群众同呼吸、共命运、心连心，赢得了西藏各族同胞的信任和拥护。

四、扎根边疆、无私奉献的崇高品质

无私奉献是中国共产党先进性的具体表现，更是践行为人民服务的必然要求。党的二十大报告提出，在全社会弘扬奉献精神，培育时代新风新貌。广大党员干部要立足本职岗位和生活实际，甘于奉献，乐于奉献，为中华民族伟大复兴和人民的幸福生活奉献出自己的一份光和热。

在西藏地区，一大批优秀的党员干部和各类人才扎根西藏、无私奉献，把祖国统一、解放西藏、建设西藏、保护西藏的历史使命放在第一位，凭借坚强的意志和坚定的信念，前赴后继，怀着"特别能奉献"的信念，战斗、生活和工作在有"世界屋脊""第三级"之称的雪域高原，投身于建设社会主义新西藏的伟大事业。正如西藏自治区原党委书记阴法唐所说："党组织需要到哪里就到哪里，需要干啥就干啥，从不讲任何价钱。"原第十八军政委谭冠三，刚进藏就表示了要"把老骨头埋在西藏"的决心。在西藏近4000公里的边防线上，一批批边防军人默默无闻地守护，在海拔5300米的查果拉哨所，几乎所有的老兵都因长期严重缺氧而心肺功能异常。援藏干部的楷模孔繁森，他以"青山处处埋忠骨，一腔热血洒高原"的志气，舍弃家庭的温暖和舒适的生活条件，毫不犹豫地奔赴西藏，投身于西藏的建设事业中，赋予了"老西藏精神"新的时代内容。"雪域高原好军医

李素芝"为西藏医疗卫生事业付出了心血，30多年来，做手术13000多例，被他从死亡线上救回来的人不计其数，被群众誉为"高原一把刀"、治病救人的"活菩萨"，但30多年来，他与家人仅过了一次团圆年，他用高尚的医德和精湛的医术，全心全意为官兵和藏区群众服务。正是这些平凡的名字，不断丰富着"特别能奉献"的"老西藏精神"，展现出中华儿女献身集体的崇高美德和中华民族集体主义精神的强大感召力。

五、实事求是、开拓创新的科学精神

实事求是是中国共产党思想路线的核心，是中国共产党团结带领中国人民推动中华民族伟大复兴事业不断取得胜利的重要法宝。实事求是，就是以马克思主义理论为指导，一切从西藏实际出发，在解放和建设西藏过程中，善于把党中央交给的任务和方针政策与西藏的实际情况相结合，实现西藏的跨越式发展。

中国共产党在解决西藏民族和宗教问题时，坚持将马克思主义基本原理与西藏具体实际相结合，原则性与灵活性高度结合，深入学习领会马克思主义宗教理论和民族理论，准确把握党的宗教政策和民族政策，创造性地开展工作。例如，第十八军为完成解放西藏的任务，根据党中央和西南局的指示，专门成立了"政策研究室"，把党中央的民族政策与西藏实际情况相结合，很好地解决了宗教、民族两大难题，应对了西藏叛乱、民主改革、社会主义改造、反分裂斗争、维护社会稳定等重大历史事件，极大地鼓舞了西藏军民的生产和生活热情。一代代西藏人积极投身于推进跨越式发展的伟大实践中，"先后创建了西藏历史上第一条公路、第一个机场、第一个农场、第一个

科研所、第一座电站、第一家医院、第一个修配厂、第一所完全小学、第一条输油管道、第一条兰西拉光缆工程等200多个第一",这些成就为西藏社会经济建设起到了积极的示范和鼓舞作用。西藏和平解放70年以来,在党中央的特殊关心和全国人民的大力支持下,西藏人坚持实事求是、开拓创新,西藏经济社会实现跨越式发展,地区生产总值由1951年的1.29亿元增加到2020年的1902.74亿元,按可比价计算增长了321.5倍,创造了短短几十年跨越上千年的人间奇迹。而这一奇迹的实现,正是中国共产党人坚持实事求是,开拓创新的结果。

第二节 "老西藏精神"的时代价值

正如习近平总书记所言:"人无精神则不立,国无精神则不强。""老西藏精神"是中国共产党人的伟大创造和宝贵精神财富,也是中华优秀传统文化的传承和弘扬,不仅是中国精神的传承和发扬,也是激励中华民族实现伟大复兴的精神财富和精神动力,在新的历史条件下,继续传承和发扬"老西藏精神",不断赋予"老西藏精神"新的时代内涵,对于铸牢中华民族共同体,推动西藏社会经济发展,培育和践行社会主义核心价值观,实现中华民族伟大复兴,依然具有十分重要的时代价值。

一、有利于铸牢中华民族共同体意识

党的二十大报告指出,要以铸牢中华民族共同体意识为主线,全面推进民族团结进步事业。铸牢中华民族共同体意识,是党的十八

第一部分
"老西藏精神"融入高校思政课理论研究 / 009 /

大以来以习近平同志为核心的党中央着眼新时代民族工作面临的新形势新特点，深刻把握党和国家事业发展对民族工作提出的新任务新要求，谋长远之策、行固本之举，提出的重大原创性论断。当前，我国正处于中华民族伟大复兴的关键时期，这是党的民族工作的历史方位，要求我们必须处理好民族问题、做好民族工作，不断铸牢中华民族共同体意识，加强中华民族共同体建设，加强中华民族大团结、中华儿女大团结，为实现中华民族伟大复兴创造条件、凝聚力量。目前，我们还要清醒地认识到，国际敌对势力企图"分化""西化"我国的图谋从来没有停止过，渗透和反渗透、和平演变和反和平演变仍然是我们面临的重要课题。我们不用正确的思想去占领思想道德阵地，广大青年就容易被敌对势力或错误思想所占领，西藏地处青藏高原，外接南亚、东南亚，内连新疆和青海、四川、云南等，是欧亚大陆的"制高点"，是国家的安全屏障，战略地位十分重要。"治国必治边，治边先稳藏"，保持西藏稳定，就是要稳定西藏军民的思想阵地，这是保证西藏安全、维护睦邻友好、促进边境经济文化往来的迫切需要，也是反对企图分裂破坏、维护边境社会稳定的必然要求。稳定是社会发展的前提，只有营造一个稳定的社会环境，西藏才能抓住机遇、乘势而上、加快发展。目前，随着"一带一路"建设进入全面实施新阶段，西藏迎来了新的发展机遇。

"老西藏精神"是中国共产党人精神谱系在雪域高原的具体表现，是一代代驻藏官兵与西藏各族干部群众在和平解放西藏和长期建设西藏的过程中孕育形成的宝贵精神财富，是西藏做好新时代民族工作的法宝，在铸牢中华民族共同体意识中具有独特作用。铸牢中华民族共同体意识与弘扬"老西藏精神"，在根本立场、价值导向上具有

内在的逻辑一致性。"老西藏精神"是党领导西藏各族人民维护国家统一、反对分裂的爱国体现，饱含着深厚的爱国情感和坚定的爱国立场。"老西藏精神"具有强烈的爱国主义情怀，在西藏军民中具有稳固的思想基础和强大的精神能动性，坚决维护国家统一，坚定促进民族团结，是植根中华民族血液并代代相传的家国情怀的体现。铸牢中华民族共同体意识是以习近平同志为核心的党中央站在党和国家事业发展全局的战略高度，对我们党民族工作百年光辉历程和历史成就的最新总结，是马克思主义民族理论中国化的最新成果，是实现中华民族伟大复兴的必然要求。铸牢中华民族共同体意识，要传承弘扬"老西藏精神"，不断强化各族群众对伟大祖国、中华民族、中华文化、中国共产党、中国特色社会主义的"五个认同"，凝聚起中华民族大团结的磅礴力量，共同推动实现中华民族伟大复兴。

二、有利于开启中国式现代化的西藏实践

党的二十大报告提出，"从现在起，中国共产党的中心任务就是团结带领全国各族人民全面建成社会主义现代化强国、实现第二个百年奋斗目标，以中国式现代化全面推进中华民族伟大复兴。"物质决定精神，精神反作用于物质，这是马克思主义辩证唯物主义的基石。中央第七次西藏工作座谈会明确提出"努力建设团结富裕文明和谐美丽的社会主义现代化新西藏"的宏伟蓝图。"老西藏精神"作为上层建筑的组成部分之一，是推动西藏经济社会发展的强大精神动力。西藏和平解放以后，旧西藏的经济条件落后，与外界几乎处于隔绝状态，没有现代的工业，只有农牧业和少量手工业。一批批的"老西藏"牢记党的嘱托，扎根高原艰苦奋斗，把西藏从经济条件落后，几

乎与世隔绝的农奴制社会，跨越式发展到现代化的社会主义社会，西藏在经济、社会、民生等各方面发生了翻天巨变。这就是精神与物质之间辩证关系的生动体现。如今的西藏在党和国家的带领下，已经进入了和平解放以来发展最快的时期。在保障和改善民生的前提下，推动西藏的经济社会飞跃式发展，任务很艰巨，特别需要强大的精神力量作为支撑。通过培育和弘扬"老西藏精神"的文化凝聚力，引导西藏各族人民树立正确的价值取向和新时代中国特色社会主义共同理想，坚定信念，充分发挥道德价值对利益关系的能动调动作用，聚焦"四件大事""四个确保"、聚力"四个创建""四个走在前列"，激发西藏各族人民的内在动力和自身潜力，立足高原地域特点，发挥高原产业优势，主动参与服务国家战略，发展特色高原经济，促进西藏高质量发展和各族群众共同富裕。

三、有利于为中华民族伟大复兴提供精神动力

党的二十大报告指出："我国发展具备了更为坚实的物质基础、更为完善的制度保证，实现中华民族伟大复兴进入了不可逆转的历史进程。""中华民族伟大复兴，绝不是轻轻松松、敲锣打鼓就能实现的。全党必须准备付出更为艰巨、更为艰苦的努力。"从历史维度和未来维度看，实现中华民族伟大复兴是一项艰苦卓绝的伟大事业，需要强大的精神力量支撑。当今世界正处于百年未有之大变局，我国正处于实现中华民族伟大复兴的关键时期。党的二十大报告指出："全面建设社会主义现代化国家，是一项伟大而艰巨的事业，前途光明，任重道远。我国发展进入战略机遇和风险挑战并存，不确定难预料因素增多的时期，各种'黑天鹅''灰犀牛'事件随时可能发生。"就世

情来看,"世纪疫情影响深远,逆全球化思潮抬头,单边主义、保护主义明显上升,世界经济复苏乏力,局部冲突和动荡频发,全球性问题加剧"。目前,我们面临着国内外各种风险挑战,霸权主义和强权政治横行,西方一些国家企图通过打压和制裁,扼制中国的崛起,实现中华民族伟大复兴的外部环境面临着新中国成立以来的最严峻局面。党要把全国人民团结起来,需要把各种力量凝聚起来,坚持中国特色社会主义文化发展道路,增强文化自信、自力更生、艰苦奋斗,坚持大团结大联合,动员全体中华儿女围绕实现中华民族伟大复兴中国梦一起来想、一起来干。

"老西藏精神"是我国革命精神体系的一部分,是西藏军民用血肉之躯所凝聚的精神价值,在新的历史时期,传承和弘扬"老西藏精神",深层次领悟"老西藏精神",秉持"五个特别"的宝贵精神品质,内化于心,外化于行,不断提高思想认识,坚定理想信念,汇聚民族复兴磅礴力量,才能引领无数中华儿女在前进的道路上努力拼搏、奋勇向前,为建成富强民主文明和谐美丽的社会主义现代化强国,为中华民族伟大复兴提供凝心聚气的强大精神力量。

四、有利于推进新时代党的建设新的伟大工程

党的二十大报告强调,"全面建设社会主义现代化国家,必须有一支政治过硬、适应新时代要求、具备领导现代化建设能力的干部队伍。""党风问题关系执政党的生死存亡。弘扬党的光荣传统和优良作风,促进党员干部特别是领导干部带头深入调查研究,扑下身子干实事、谋实招、求实效。"在中央第七次西藏工作座谈会上,习近平总书记强调广大干部特别是西藏干部要发扬"老西藏精神",缺氧不缺

精神、艰苦不怕吃苦、海拔高境界更高,在工作中不断增强责任感、使命感,增强能力、锤炼作风。在新时代新形势下,更要弘扬"老西藏精神",为推动中国特色社会主义现代化建设注入强大精神动力。党的作风建设是新时代加强党的建设的重点问题,只有解决了作风问题,共产党员的先进性与纯洁性才能始终如初。当今世界,多元文化相互交织,我国意识形态安全遭受新的冲击,中国共产党人需要牢记党的百年奋斗历程,自觉抵制国内外不良诱惑的干扰和侵蚀,只有党的先进性和纯洁性得到保证,党的生机活力才能够得到彰显,我们党才能进行自我革新、自我完善,并能够屡次化解面临的危机和挑战。

"老西藏精神"是对中国共产党光荣传统和优良作风的继承和发展,是中国共产党在领导西藏革命和建设实践中贯彻执行党的路线方针政策的智慧结晶,是爱国主义精神和全心全意为人民服务的宗旨在西藏的具体体现。在高原上工作,最稀缺的是氧气,最宝贵的是精神。西藏取得辉煌成就正是因为能够凝聚各方力量,一路克服艰难险阻走向百年辉煌,其精神支撑就来自于"老西藏精神"的价值引领。新时代继承发扬的"老西藏精神",一是有助于营造风清气正的政治生态。在这一过程中孕育出来的"老西藏精神",展示出了中国共产党的良好政治生态,有利于引导新时代的广大党员干部进一步坚定理想信念,夯实思想基础,坚决抵制腐败,保持艰苦奋斗的优良作风,进而营造风清气正的政治生态。二是有助于强化以人民为中心的执政理念。全心全意为人民服务的根本宗旨是"老西藏精神"的本质和核心,进军西藏、解放西藏和建设西藏是对"为人民服务"崇高信念的深刻阐释和伟大实践,"老西藏"们为了西藏工作的需要,坚持"长期建藏,边疆为家",展示出了中国共产党与西藏人民"心连心、同

呼吸、共命运",坚持为西藏人民谋求最大的利益,进而实现西藏的社会主义现代化,不断提升西藏各族人民群众的幸福感、安全感和获得感,确保西藏的长治久安和高质量发展。三是有助于坚持求真务实的工作作风。"老西藏"们在战斗和工作中,善于把中央交给的任务和方针政策与西藏的实际情况相结合,把高度的革命热情与求真务实的精神相结合,时时处处坚持重实际、说实话、务实事、求实效,大力发扬脚踏实地、埋头苦干的工作作风。四有助于培育艰苦奋斗、无私奉献的精神。"老西藏"们顶风冒雪、忍饥挨饿,靠双脚走路,征服了雪山、冰河、险滩、沼泽、草地、荒漠,完成了号称"第二次长征"的路途3000多公里的进军西藏的任务,"老西藏"们执行任务中表现出来的"一不怕苦、二不怕死""叫高山低头、让河水让路"的大无畏英雄气概,为党员干部始终保持党艰苦奋斗的优良作风提供了精神坐标。

第二章
"老西藏精神"思想政治教育价值的生成逻辑

习近平总书记在中央第七次西藏工作座谈会上强调，广大干部特别是西藏干部要发扬"老西藏精神"，缺氧不缺精神、艰苦不怕吃苦、海拔高境界更高，在工作中不断增强责任感、使命感，增强能力、锤炼作风。这不仅肯定了"老西藏精神"在建设社会主义新西藏过程中的重要作用，而且对传承和弘扬"老西藏精神"提出了殷切希望。因此，厘清"老西藏精神"的思想政治教育价值生成逻辑，有助于进一步传承和弘扬"老西藏精神"，下面将从生成动力、生成基础和生成途径三方面进行系统阐释。

第一节 生成动力：思想政治教育的发展需求

在教育实践中对"老西藏精神"进行深入探索，不仅满足思想政治教育目标需求，也可以实现思想政治教育主体和客体的发展需求，这些需求构成了"老西藏精神"当代思想政治教育价值的生成动力。

一、思想政治教育目标的需求

党的二十大报告指出,"培养什么人、怎样培养人、为谁培养人是教育的根本问题。育人的根本在于立德。""老西藏精神"是思想政治教育的优质载体,在教育实践中对"老西藏精神"进行深入探索,不仅满足思想政治教育目标需求,也可以实现思想政治教育主体和客体的发展需求,这些需求构成了"老西藏精神"当代思想政治教育价值的生成动力。

(一)"老西藏精神"是铸牢中华民族共同体意识的有力支撑

党的二十大报告强调,"以铸牢中华民族共同体意识为主线,坚定不移走中国特色解决民族问题的正确道路,坚持和完善民族区域自治制度,加强和改进党的民族工作,全面推进民族团结进步事业"。这是党中央着眼全面建设社会主义现代化国家全局,对民族工作作出的重大部署,为全面推进民族团结进步事业提供了根本遵循。铸牢中华民族共同体意识是新时代党的治藏方略的重要体现,对于推进民族团结事业、实现中华民族的伟大复兴意义深远。铸牢中华民族共同体意识需要做好民族团结工作,全面贯彻执行党的民族政策,促进各民族交往交流交融。"老西藏精神"为铸牢中华民族共同体意识提供了深厚的情感基础。"老西藏精神"中人民解放军和党员干部等人员"讲政治、守纪律"的纪律观念,长期建藏、慎重稳进的工作方针,注重调查的工作方法等,表达了他们爱国、爱民、爱社会主义的大爱,是中国共产党在西藏高原蕴含的最深层的情感力量。特别是十八大以来,西藏各族人民在以习近平同志为核心的党中央坚强领导下,不断深化改革开放,打赢了脱贫攻坚战,消除了绝对贫困,进一步密

切了同其他省市人民之间的情感纽带，谱写了各民族交往交流交融的崭新篇章。

（二）"老西藏精神"是培养新时代好青年的重要精神养分

着力培养新时代好青年，增强青年的使命感、责任感，是新时代思想政治教育教学的重要目标。习近平总书记在党的二十大报告中殷切寄语广大青年，"立志做有理想、敢担当、能吃苦、肯奋斗的新时代好青年"。温室大棚养不出参天大树，风雪磨砺能成就松柏挺立。"老西藏精神"是中国共产党人留给新时代青年的精神财富，其凸显出的忠贞爱国、艰苦奋斗和无私奉献等精神品质将为青年人的成长提供充沛的精神营养，有利于引领青年胸怀爱国主义情怀，传承艰苦奋斗作风，坚定民族团结意识，培养无私奉献精神，成长为对祖国、对人民有用之人。

二、思想政治教育主体的需求

2023年9月9日，习近平致信全国优秀教师代表强调，"新征程上，希望你们和全国广大教师以教育家为榜样，大力弘扬教育家精神，牢记为党育人、为国育才的初心使命，树立'躬耕教坛、强国有我'的志向和抱负，自信自强、踔厉奋发，为强国建设、民族复兴伟业作出新的更大贡献。"肩负时代责任，关键是要教育者先受教育。在思想政治教育目标的指引下，思想政治教育者在传承"老西藏精神"中坚定理想信念、落实立德树人根本任务，构成了"老西藏精神"当代思想政治教育价值生成的主体需求。

（一）在传承"老西藏精神"中坚定中华民族复兴的理想信念

时代的不断发展要求思想政治教育主体基于新的历史方位，认

清当前我国意识形态领域的发展态势，明确思想政治教育者的时代使命，进而通过扎实有效的思想政治教育实践，为实现中华民族伟大复兴的中国梦而贡献力量。对于思想政治教育主体来说，"老西藏精神"不仅是宝贵的思想政治教育教学资源，更是自身坚定理想信念的精神力量。可以在深刻挖掘"老西藏精神"内涵的过程中，坚定马克思主义世界观、人生观和价值观，掌握和运用其立场、观点和方法，并从中获得思想指导、精神动力和精神支柱，这已然是思想政治教育主体提升自我的客观需求。

（二）在传承"老西藏精神"中落实立德树人的根本任务

党的二十大报告强调，"全面贯彻党的教育方针，落实立德树人根本任务，培养德智体美劳全面发展的社会主义建设者和接班人。"因此，贯彻落实立德树人的根本任务，是当前思想政治教育主体最紧迫的现实动力需求，这是由思想政治教育主体所担负的育人使命所决定的。"老西藏精神"的孕育生成过程，就是中国共产党人坚定理想信念、发扬爱国主义、注重人格修养、磨炼奋斗精神、实现人生价值的生动实践过程。这一实践过程拥有深入人心的模范力量，在思想政治教育活动中融入"老西藏精神"，对于广大青年树立团结奋进的品格，实现青年德智体美劳全面发展具有重要的现实意义。

三、思想政治教育客体的需求

党的二十大报告明确指出："青年强，则国家强。当代中国青年生逢其时，施展才干的舞台无比广阔，实现梦想的前景无比光明。全党要把青年工作作为战略性工作来抓，用党的科学理论武装青年，用党的初心使命感召青年，做青年朋友的知心人、青年工作的热心人、

青年群众的引路人。"作为新时代青年,高校大学生有实现社会价值和全面发展的现实需求。将"老西藏精神"融入高校思想政治教育,不仅能充分发挥其思想政治教育价值功能,也能满足思想政治教育客体的切身需求。

(一)在践行"老西藏精神"中实现社会价值之需

高校大学生既有主动融入新时代发展的需求,又有似无方向的迷茫。对于如何实现社会价值,"老西藏精神"提供了宝贵的精神和行动引领。"在高原上工作,最稀缺的是氧气,最宝贵的是精神"。几十年来,西藏工作者们在践行"老西藏精神"的过程中,成就了西藏建设发展"短短几十年、跨越上千年"的人间奇迹。这正是青年实现社会价值所急需的现实指引,践行"老西藏精神"的过程,也是他们充分发挥能动性,在拥抱时代发展际遇中担当中华民族复兴的时代使命,在祖国大地上翻开精彩人生新篇章的过程。

(二)在践行"老西藏精神"中实现自身价值之需

青年兴则国家兴,青年强则国家强。大学生实现自身的全面发展,不仅要善于在顺境中抓住机会,更要求他们有在逆境中拼搏的勇气和能力。70多年来,一代代西藏军民在高原缺氧的恶劣环境下,甘于奉献,不畏艰苦,在世界屋脊上修建了川藏、青藏公路,使生命禁区成为坦途,表现了艰苦奋斗、攻坚克难和苦中作乐的革命乐观主义精神,为保卫国家安全、维护边疆稳定作出了巨大贡献。对于当代青年而言,践行"老西藏精神",不仅能够锤炼青年的坚强意志,也能够让当代青年在磨砺中不断增长才干,实现自身的全面发展。

第二节 生成基础："老西藏精神"的深厚内蕴

"老西藏精神"的核心内涵为"特别能吃苦、特别能战斗、特别能忍耐、特别能团结、特别能奉献"。内涵中凸显的忠贞爱国、艰苦奋斗、团结奉献等内蕴，与思想政治教育目标具有高度的耦合性，是提升当代思想政治教育质量的宝贵资源，这就构成了"老西藏精神"思想政治教育价值的生成基础。

一、"老西藏精神"丰富了爱国主义的时代内涵

忠贞爱国是进藏部队和西藏工作者们最淳朴的情怀，是他们坚持工作的精神支撑，是实现西藏跨越式发展的根本保障。在党中央的领导下，从20世纪50年代初开始，进藏部队克服了缺氧、寒冷、饥饿、劳累、民族隔阂等重重困难，严守党的纪律政策，以实际行动践行着"长期建藏，边疆为家"的号召。此后，西藏工作者代代传承"老西藏精神"，忠实履行了对外反入侵、对内反分裂的双重任务，"老西藏"们以深厚的爱国主义情感，用鲜血和汗水使西藏旧貌换新颜，一批批扎根西藏、建设西藏的驻藏部队和援藏干部等，以他们的坚守奉献阐明了爱国主义的时代内涵。

爱国主义是中华民族精神的核心表达和集中展现。加强新时代大学生爱国主义教育，是培养社会主义事业可靠接班人的现实需求。习近平总书记在纪念五四运动100周年大会上指出："对新时代中国青年来说，热爱祖国是立身之本、成才之基。""老西藏精神"体现了进藏部队和驻藏工作者们对社会主义事业的奋斗和对人民的忠诚，

"菩萨兵""两路建设"等故事为新时代爱国主义教育提供了大量鲜活的案例，为思想政治教育提供了丰富的资源，将其运用到思想政治教育中，将产生良好的爱国主义育人效果。

二、"老西藏精神"赓续了艰苦奋斗的优良传统

"长征苦，不堪言。进藏难，难于上青天。"因此，进军西藏被称为"第二次长征"。第十八军进藏时，国内物资匮乏，虽然面临重重困难，但是他们始终遵循党中央"进军西藏、不吃地方"的指示，用最原始的工具、最坚定的意志，跨越诸多天险急流，征服无数自然障碍。同时，第十八军将士为填饱肚子和发展生产，积极响应军委"向荒野进军、向土地要粮、向沙滩要菜"的号召，用汗水和鲜血开荒，他们以优秀的组织纪律性完成了解放、修路、开荒生产三大任务，让"老西藏"们在当地站稳脚跟。在半个多世纪的时间里，驻藏官兵和西藏工作者们数十年如一日地战斗在雪域高原，经受住了政治、军事斗争和艰苦生活带来的种种考验，体现出高度的革命素养和坚韧不拔的意志，这也是中华民族艰苦奋斗优良传统的赓续。

艰苦奋斗是社会主义事业蓬勃发展的基础，也是全面建成社会主义现代化强国的重要保证。习近平总书记曾寄语青年："今天，我们的生活条件好了，但奋斗精神一点都不能少，中国青年艰苦奋斗的好传统一点都不能丢。"随着社会主义现代化强国建设的不断推进，党和国家的事业更需要青年人求真务实、苦干实干。因此，对新时代思想政治教育而言，深入挖掘"老西藏精神"艰苦奋斗的内涵，对于开展新时代艰苦奋斗教育和传承艰苦奋斗的优良传统意义重大。

三、"老西藏精神"充实了民族团结的思想基础

"老西藏精神"形成是驻藏官兵与各族群众消除民族隔阂、反对民族分裂、维护民族团结、维护祖国统一的过程，是中华民族共同体意识不断铸牢的过程。在和平解放西藏的过程中，进藏部队严格遵守"三大纪律、八项注意"，认真执行党的民族和宗教政策，宁愿自己苦着、累着，绝不给当地群众添麻烦，每到一地，必为当地群众做好事、送温暖，为打破民族隔阂、培养良好的军民关系打下了坚实的基础，进藏部队官兵写就了与西藏各族人民"同呼吸、共命运、心连心"共创辉煌的民族团结史。许多官兵和进藏工作人员"献了青春献终身、献了终身献子孙"，为扎根边疆、建设西藏长期默默无闻地奉献着青春、力量乃至生命。几十年来，在"老西藏"们建设西藏的自觉奉献中，在西藏工作者与西藏人民团结互助中，民族团结的烙印早已深深烙下。

党的二十大报告指出："以铸牢中华民族共同体意识为主线，加强和改进党的民族工作。"传承和弘扬"老西藏精神"，能有力增进西藏各族人民对中华民族、中华文化和新时代中国特色社会主义的认同，充分发挥其团结民族力量、融合民族精神的作用。对于高校大学生而言，传承和弘扬"老西藏精神"，有利于打破民族间因语言、风俗形成的隔阂，真正实现各族人民交往交流的浓厚氛围，促进民族融合。

第三节 生成途径：丰富的思想政治教育实践

"老西藏精神"诞生于20世纪五六十年代西藏和平解放初期，发

展于西藏社会主义建设时期，并在新时代的实践中不断升华。中国共产党人在西藏的思想政治教育实践一刻也未曾停下，丰富的思想政治教育实践构成了"老西藏精神"思想政治教育价值生成的根本途径。

一、社会主义革命和建设时期的思想政治教育实践

解放和建设西藏是社会主义革命建设时期进藏官兵的主要任务。这一期间官兵们充分响应党中央"一不怕苦，二不怕死"和"长期进藏、边疆为家"的号召，深入贯彻慎重稳进的方针，开始了长期建设西藏的工作。

（一）实现进军西藏的思想政治教育实践

和平解放西藏是一项伟大而又艰巨的任务，需要面对恶劣的自然条件、落后的交通运输条件和复杂多变的社会环境。残酷的环境凸显出精神之可贵，进藏部队在广袤的藏区充分发扬"一不怕苦，二不怕死"的奋斗精神，以艰苦奋斗的实践构成了"老西藏精神"的基本内核。他们凭借着战胜一切艰难险阻的坚定信念，用钢钎铁锹等简陋的工具，征服了雪山、急流，铸成了祖国西南边陲的关键防线。此外，官兵们还积极生产，在修建道路的同时，大力开荒垦田十余万亩，西藏地区至今还保有生产建设时期留下的八一农场旧址。

（二）贯彻长期建藏的思想政治教育实践

考虑到进藏部队的艰辛，毛泽东曾在部队进军西藏前做出了"三年一换"的指示。但在驻藏工作中，第十八军军长张国华敏锐地察觉到，如果进藏部队不停轮换，就很难和当地群众建立长期良好的军民关系，这些对于建设西藏的工作开展都是极为不利的。为了更好地完成建设西藏这一重要任务，中国共产党西藏工作委员会及时指

出：解放西藏只是当前的第一步任务，"长期建藏"才是党的基本方针和长期任务。得益于在进藏部队中开展及时有效的思想政治教育，"长期建藏、边疆为家"的思想深入人心，由此顺利实现了西藏的民主改革和社会主义改造，翻开了西藏发展的新篇章。

二、改革开放和社会主义现代化建设时期的思想政治教育实践

在改革开放和社会主义现代化建设时期，西藏的重点任务主要集中于实现改革开放、长治久安和科学发展，这也使得西藏地区步入了现代化发展的快车道。

（一）为西藏改革开放服务的思想政治教育实践

十一届三中全会后，随着改革开放的春风吹遍雪域高原，西藏拉开了改革开放的帷幕。广大的西藏工作者和各族人民解放思想、实事求是，使得西藏地区人民逐渐摒弃了小农经济、靠天吃饭等落后思想观念，树立开放意识、市场意识、竞争意识，勇闯市场。从农牧区改革到城市改革，实现了西藏社会经济的迅速发展，这既是西藏地区广大工作者和西藏人民艰苦创业的成就，也是党中央关怀支持的结果，共同推进西藏地区改革开放的历史进程，使西藏地区生产力得到充分解放。为了顺利完成西藏现代化建设的任务，党和政府始终坚持对西藏地区干部、技术和资金援助，奠定了西藏地区现代化发展建设的基础。

（二）为西藏长治久安服务的思想政治教育实践

稳定是发展的基石，实现西藏地区经济跨越式发展，需要西藏地区各族人民团结和睦。面对复杂多变的国际形势，以江泽民同志为

核心的党中央第三代领导集体，在 1994 年和 2001 年召开了第三次、第四次西藏工作座谈会，进一步明确了新时期西藏工作要维护好社会稳定、坚决同分裂势力作斗争的方针政策。在党中央的高度重视和正确引领下，在"发扬老西藏精神、戍边卫国建新功"的号召下，驻藏部队和各族人民团结一心，维护了西藏的和平稳定，为西藏地区步入跨越式发展阶段提供了安全保障，实现了西藏社会的全面进步，使西藏地区经济发展迈入了快车道，进入了稳定发展的好时期。

（三）为西藏科学发展服务的思想政治教育实践

在以经济建设为中心的指引下，西藏的各项事业都取得了较好成绩，但劳动力资源匮乏、自我发展能力不足等问题仍制约着西藏现代化发展的步伐，人民的生活水平与全局相较还有差距。科学发展观为西藏实现跨越式发展指明了方向，西藏地区开始探索走有中国特色、西藏特点的发展道路，进行了政治建设、经济建设、文化建设、社会建设、生态文明建设的协调发展，一系列惠民工程纷纷动工。在科学发展观的指导下，这一时期"老西藏精神"生动体现在西藏各族军民拼搏奋进的过程中，西藏各族干部扎根雪域高原，用自身的汗水和奋斗，推动西藏地区经济更好更快发展，他们的实践丰富和发展了"老西藏精神"。

三、中国特色社会主义新时代的思想政治教育实践

党的十八大以来，习近平总书记把西藏工作在党和国家工作全局中的重要战略地位提升到了前所未有的高度，使西藏迎来了快速发展的新机遇。以习近平同志为核心的党中央准确把握发展大局，创造性地提出了"治国必治边、治边先稳藏"的战略思想，作出了"加强

民族团结、建设美丽西藏"等重要指示,鼓励广大干部群众在工作中做到"艰苦不怕吃苦、海拔高境界更高"。广大干部群众的共同努力,不仅为"老西藏精神"注入了新的时代内涵,而且为实现西藏地区的"四个创建"打下了坚实的基础。

(一)推进民族团结进步的思想政治教育实践

民族团结是西藏各族人民的生命线,事关西藏稳定和国家安全,事关西藏各族人民根本利益和中华民族伟大复兴。党的二十大报告指出,"以铸牢中华民族共同体意识为主线,坚定不移走中国特色解决民族问题的正确道路,坚持和完善民族区域自治制度,加强和改进党的民族工作,全面推进民族团结进步事业。"西藏地区始终以铸牢中华民族共同体意识为遵循,全面贯彻落实党的民族政策,广泛开展民族团结教育和民族团结进步创建活动,推动民族工作高质量发展,平等团结互助和谐的社会主义民族关系日益巩固。

一是加强民族团结宣传教育。自治区各级政府高度重视对西藏地区民族交流交融史实资料的挖掘、整理和宣传,编写出版铸牢中华民族共同体意识系列读本等民族团结进步教材和读本,开展爱国主义、反分裂斗争等教育活动,打造"互联网+民族团结"交流平台,开展"中华民族一家亲、同心共筑中国梦"主题宣传教育,形成"民族团结宣传月"这样的定期活动。

二是持续肃清民族分裂、宗教极端思想流毒。西藏根据维护国家安全的总要求和自身实际,坚持依法治藏原则,紧紧依靠各族群众,牢牢把握反分裂斗争主动权,深入揭批达赖集团的反动本质,不断完善反分裂斗争工作体制机制,构建区市县乡村五位一体维稳工作机制,加强宗教事务管理,坚决抵制、严厉打击各种分裂破坏活动。

"团结稳定是福，分裂动乱是祸"的观念深入人心，各族群众维护祖国统一、维护国家主权、维护民族团结的态度日益坚决。

三是推动各族人民交融进程。在党中央持续推进民族工作的政策保障下，广泛开展民族团结进步模范区创建，大力推进各民族交往交流交融，推进民族团结市县行活动，2020年，颁布《西藏自治区民族团结进步模范区创建条例》；2021年，出台《西藏自治区民族团结进步模范区创建规划（2021—2025年）》。拉萨等7地（市）均成功创建成为全国民族团结进步示范市。"民族团结杰出贡献者"国家荣誉称号获得者热地的事迹广为传颂，全社会掀起向"时代楷模"卓嘎、央宗姐妹学习的热潮，争当民族团结进步模范。西藏各族群众在一起共居共学、共建共享、共事共乐，形成了你中有我、我中有你的和谐景象。

（二）开展高原经济高质量发展的思想政治教育实践

党的二十大报告强调，"高质量发展是全面建设社会主义现代化国家的首要任务。发展是党执政兴国的第一要务。没有坚实的物质技术基础，就不可能全面建成社会主义现代化强国。"为推进西藏经济高质量发展，西藏广大干部群众深入贯彻落实新发展理念，依据党中央坚持稳中求进的总基调，紧紧围绕使市场在资源配置中起决定性作用和更好发挥政府作用，深化经济体制改革，统筹做好稳增长、促改革、调结构、惠民生、防风险、保稳定各项工作，加快推进西藏地区经济高质量发展。

2022年全区地区生产总值达到2132.64亿元，按不变价计算，比2012年增长1.28倍，年均增长8.6%，经济增速位居全国前列。2021年人均地区生产总值达到56831元，在全国31个省（区、市）中的

排位由 2012 年的第 29 位提升至 2021 年的第 24 位。并通过调整发展格局，优化产业结构和公共资源布局，结合西藏特点，打造高原特色产业，农畜产品加工业、天然饮用水、藏医药、民族手工业、绿色建材等富有西藏特色的现代工业生产大力推进。积极推动重要世界旅游目的地建设，"文创西藏""冬游西藏"等品牌影响力节节攀升，旅游接待人次和旅游收入成倍增加。

2012 年至 2022 年，接待旅游人数从 1058.39 万人次增加到 3002.76 万人次，旅游收入从 126.48 亿元增加到 407.07 亿元，增长 2.2 倍。区域交流合作持续深化。加强与周边地区交流合作，积极融入成渝地区双城经济圈、大香格里拉经济圈、陕甘宁青经济圈、长江经济带等周边经济圈，努力打造面向南亚开放的重要通道。2022 年，西藏外贸进出口总值 46.01 亿元，贸易伙伴遍及 95 个国家和地区。

（三）实施国家生态文明高地的思想政治教育实践

党的二十大报告强调，"大自然是人类赖以生存发展的基本条件。尊重自然、顺应自然、保护自然，是全面建设社会主义现代化国家的内在要求。必须牢固树立和践行绿水青山就是金山银山的理念，站在人与自然和谐共生的高度谋划发展。"西藏是国家重要的生态安全屏障。保护好西藏生态环境，利在千秋、泽被天下。西藏坚持生态保护第一，处理好保护与发展的关系，走绿色可持续发展之路，着力打造全国乃至国际生态文明高地，美丽西藏建设不断释放生态红利。党的十八大以来，以习近平同志为核心的党中央将生态文明建设摆在全局的中心位置，并指出要将青藏高原打造成为全国甚至是国际生态文明高地。西藏各族人民发扬"老西藏精神"，坚持生态优先和绿色发展之路。

一是生态功能区建设有序推进。积极推动羌塘、珠穆朗玛峰、冈仁波齐、高黎贡山、雅鲁藏布大峡谷等典型区域纳入《国家公园空间布局方案》，西藏自然保护地体系建设进入新阶段。现有各级各类自然保护区47个，总面积41.22万平方公里。

二是高原生物多样性逐渐提升。2016年至2022年，完成营造林832万亩，实现森林覆盖率和草原综合植被盖度双增长。西藏有陆生野生脊椎动物1072种，其中雪豹、野牦牛、藏羚羊、黑颈鹤、滇金丝猴等国家一级保护野生动物65种，国家二级保护野生动物152种，大中型野生动物种群数量居全国之首；已记录维管束植物7504种，其中巨柏、喜马拉雅红豆杉等国家一级重点保护野生植物9种，国家二级重点保护野生植物148种。根据全国第二次陆生野生动植物资源调查，藏羚羊种群数量由20世纪90年代的7万余只增长到30余万只，野牦牛种群数量由20世纪不足1万头增长到2万余头，黑颈鹤数量由20世纪不足3000只增长到1万余只。

三是人居环境状况持续改善。"十三五"以来，环境空气质量优良天数比例达99%以上。珠穆朗玛峰区域环境空气质量持续保持在优良状态，达到一级标准。2022年，拉萨市在全国168个重点城市空气质量排名中位列第一，林芝市、昌都市环境空气质量优良天数达到100%。主要江河、湖泊水质整体保持优良。金沙江、雅鲁藏布江、澜沧江、怒江干流水质达到Ⅱ类标准，拉萨河、年楚河、尼洋河等流经重要城镇的河流水质达到Ⅱ类及以上标准，发源于珠穆朗玛峰的绒布河水质达Ⅰ类标准。地级城市集中式饮用水水源地水质达标率100%。全面实施土壤污染防治行动，西藏土壤环境质量状况处于安全水平，总体维持自然本底状态。

四是生态环境治理体系日益完善。落实《青藏高原生态环境保护和可持续发展方案》，施行《中华人民共和国青藏高原生态保护法》，颁布实施《西藏自治区国家生态文明高地建设条例》等政策法规。

五是生态保护机制持续发力。2018年以来，累计落实山水林田湖草沙冰一体化保护修复资金49.33亿元。建立覆盖森林、湿地、草原、水生态等领域的生态保护补偿机制。各类生态保护补偿资金从2012年的37亿元，快速增加到2022年的161亿元。

六是生态扶贫向生态富民转变。2016年至2022年，年均为群众提供生态保护岗位53.77万个，累计兑现生态补偿资金126.37亿元。

七是生态环保生活方式蔚然成风。人与自然和谐共生、追求可持续发展的高原生态文化得到进一步激发。林芝市成功创建国家森林城市。林芝市波密、山南市琼结、昌都市江达等11个市县区成为国家生态文明建设示范区。林芝市巴宜区、山南市隆子县、拉萨市柳梧新区达东村入选"绿水青山就是金山银山"实践创新基地。

（四）创建国家固边兴边富民的思想政治教育实践

党的二十大报告指出，促进区域协调发展，"支持革命老区、民族地区加快发展，加强边疆地区建设，推进兴边富民、稳边固边。"西藏是维护国家安全的重要屏障。党的十八大以来，在习近平总书记强边富民重要论述指引下，西藏持续推进固边兴边富民行动，并取得了显著成效。

一是改善边境地区人居环境。政府以发展边境村庄为抓手，完善生活配套设施，统筹规划公共服务建设，因地制宜发展边境城市，打造了一批有特色产业、有发展条件的美丽边城，边境一线村民年人

均补助标准提高到1.26万元人民币，建成624个边境小康村，使边境群众生活条件有了明显改善。

二是增强群众守土固边意识。广泛宣传卓嘎、央宗一家爱国守边的"玉麦精神"，让人人是哨兵、户户是哨所、村村是堡垒、生产是执勤、放牧是巡逻的观念深入人心，边疆群众用放牧守边的方式表达着拳拳爱国之心，为"老西藏精神"注入了全新的时代内涵。西藏地区逐渐形成了边民生活有保障、致富有渠道、守边有动力、发展有支撑的新格局。

第三章
"老西藏精神"融入高校思政课教学的内在逻辑

第一节 "老西藏精神"融入高校思政课教学的三重逻辑

"老西藏精神"根源于中华民族精神的渊薮，具有鲜明的不可替代的历史价值和时代价值。高校思想政治理论课是引导大学生立德成人、立志成才的重要课程。将"老西藏精神"融入高校思政课教学，明晰融入的契合点，增强融入的合理性和有效性。

一、历史逻辑契合：扎根中华民族精神的历史土壤

2023年6月3日，习近平总书记在文化传承发展座谈会上指出，"中华文明具有突出的统一性。我国是统一的多民族国家，中华民族多元一体是我国的一个显著特征，博大精深、源远流长的中华文明是由各民族优秀文化百川汇流而成。"民族精神是一个民族赖以生存和发展的精神支柱。在五千多年的发展中，中华民族形成了以爱国主义为核心的团结统一、爱好和平、勤劳勇敢、自强不息的伟大民族精神。从历史的文脉来说，"老西藏精神"源于民族精神，是中华民族精神在西藏的伟大升华。"老西藏精神"是在一个特定的历史时期、

特殊的历史背景下、特殊的地理环境中，为完成特殊的历史使命，由伟大的中国共产党人，在进军西藏、经营西藏、建设社会主义新西藏的伟大实践中，培育形成起来的先进集体意识。高校思政课也是扎根中华民族精神的历史土壤，根植于绵延数千年的中华文化之中。习近平总书记指出："中华优秀传统文化、革命文化和社会主义先进文化为思政课建设提供了深厚的力量。"高校思政课教学既要汲取中华优秀文化的深厚力量，又要承担起继承和弘扬中华优秀文化的光荣使命。由此，从历史逻辑来看，"老西藏精神"和高校思政课扎根中华民族精神的历史土壤，具有高度的历史逻辑契合性。

二、理论逻辑契合：坚持马克思主义指导思想

党的二十大报告指出，"只有把马克思主义基本原理同中国具体实际相结合、同中华优秀传统文化相结合，坚持运用辩证唯物主义和历史唯物主义，才能正确回答时代和实践提出的重大问题，才能始终保持马克思主义的蓬勃生机和旺盛活力。"精神的构筑要以理论的伟力为引领，"老西藏精神"是以马克思主义为理论根基，在马克思主义中国化时代化的"两个结合"进程中构筑与赓续形成的。"老西藏精神"孕育、形成和发展始终离不开马克思主义理论的指导。习近平总书记指出："办好思政课，就是要开展马克思主义理论教育，用新时代中国特色社会主义思想铸魂育人。"这里明确了思政课的马克思主义理论课程属性。思政课的本质就是讲道理，如何将道理讲深、讲透、讲活，将"老西藏精神"融入高校思政课教学，用生动的"老西藏"故事和案例揭示出其背后的道理，让马克思主义中国化时代化理论入脑、入心。

三、实践逻辑契合：实现中华民族伟大复兴的中国梦

实现中国梦必须弘扬中国精神。伟大的梦想，需要伟大的精神做支撑。植根于中华民族精神深厚土壤、具有中华民族优秀文化传统基因的"老西藏精神"，是凝聚和激发全国各族人民为实现中国梦团结奋斗的强大精神力量。中国梦的目标和任务要求我们必须继承和发扬"老西藏精神"。西藏条件艰苦，长期建藏关键在人。以艰苦奋斗为核心的"老西藏精神"，是一代又一代青年追梦的引领力和支撑力。实现中国梦归根到底靠人才靠教育，立德树人是中国特色社会主义教育事业的根本任务，思政课是落实立德树人根本任务的关键课程。

第二节 "老西藏精神"融入高校思政课教学的内在耦合性

作为中国共产党人精神谱系的重要组成部分，"老西藏精神"诞生于20世纪五六十年代，形成发展于西藏社会主义建设时期，完善发展于改革开放时期，并在进入新时代的实践中不断升华凝练，是高校思政课进行"五个认同"教育、爱国主义教育、民族团结教育的重要教学资源。"老西藏精神"与高校思政课教学在育人目标上是一致的，在教学内容上是契合的，两者的内在耦合性主要体现在价值导向贯通、内容倾向融通、行动指向共通三个方面，这是"老西藏精神"融入高校思政课教学的基本前提。

一、价值导向贯通：以情感人促共鸣

"老西藏精神"不仅是进入新时代实现中华民族伟大复兴的重要保证，更是共筑雪域高原中国梦的精神引领，与高校思政课教学在价值导向上高度贯通，两者都服务于塑造具有爱党、爱国、爱社会主义价值观念的时代新人，这是"老西藏精神"融入高校思政课教学的价值基础。"老西藏精神"所蕴含的民族精神和时代精神是中华民族文明和智慧的结晶与传承，是我党我军艰苦奋斗、顽强拼搏、勇于创新的中国革命精神的实践成果，将"老西藏精神"背后蕴藏的爱国主义、汉藏和美一家亲等精神内核作为高校思政课教学的重要内容，既能在理论层面强化高校大学生对维护国家统一和增进民族团结的内化吸收，又在实践层面推进高校大学生自觉践行弘扬"老西藏精神"，激发新时代大学生产生"坚决跟着共产党，要把伟大祖国建设好"的强烈情感共鸣，推动大学生形成正确价值观，赓续党的红色血脉。

二、内容倾向融通：以理服人增认同

"老西藏精神"有着丰富的汉藏和美实践根源，深深根植于中华五千多年的优秀传统文化土壤，不断丰富马克思主义理论和中国具体实际相结合的实践基础，是中国共产党人初心使命的真实呈现，与高校思政课教学的内容倾向上高度融通。"老西藏精神"蕴含着丰富的以理服人的正确政治观点与良好的道德规范，是思政课教学活动中把道理讲深讲透讲活的教学素材，这是"老西藏精神"融入高校思政课教学的内容基础。内容融通性主要体现在两个方面：一是"老西藏精神"中高度凝练和鲜活再现的七十多年前以第十八军为主力的中国人

民解放军进军西藏、不吃地方、开荒生产、民主改革等革命故事，可以融入《毛泽东思想和中国特色社会主义理论体系概论》课程中的第一章、第三章等具体的教学中，融入《中国近现代史纲要》课程中的第二章、第五章等教学中；二是"老西藏精神"蕴含着我党我军在边疆少数民族地区开展社会主义精神文明和物质文明建设的重要成果，可以融入《思想道德修养与法治》课程中的有关"青春之问"等章节中，可以融入《习近平新时代中国特色社会主义思想概论》课程中的"五位一体"总体布局等内容中。此外，"一腔热血洒高原、新时期领导干部的楷模"孔繁森、"雪域高原好军医"李素芝、"守护雪域高原生态安全屏障"的钟杨等感人事迹，这些内容可以丰富思政课教学内容，提升思政课教学的说服力和感染力。

三、行动指向共通：以行正人练本领

党的二十大报告指出，"全党要把青年工作作为战略性工作来抓，用党的科学理论武装青年，用党的初心使命感召青年，做青年朋友的知心人、青年工作的热心人、青年群众的引路人。广大青年要坚定不移听党话、跟党走，怀抱梦想又脚踏实地，敢想敢为又善作善成，立志做有理想、敢担当、能吃苦、肯奋斗的新时代好青年，让青春在全面建设社会主义现代化国家的火热实践中绽放绚丽之花。""老西藏精神"是在中国共产党领导下，在西藏和平解放、民主改革、社会主义建设和改革开放的伟大实践中逐步形成和发展起来的，并在中国特色社会主义的伟大实践中不断赋予新的时代内涵，"老西藏精神"与高校思政课教学在实践指向上具有共通性，都致力于引导新时代大学生以自身的实际行动为实现中华民族伟大复兴添砖加瓦，引导大学

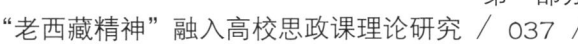

生内化于心、外化于行，这是"老西藏精神"融入高校思政课教学的实践基础。高校要将作为"老西藏精神"生动载体的红色资源融入思政课，带领学生参加各类思政课实践教学，强化大学生对"老西藏精神"沉浸式体验和仪式感教育。例如，组织学生参加红色故事讲解大赛，参观"老西藏精神"红色教育基地等实践活动，让大学生了解中国共产党在西藏解放和建设过程中的艰苦历程，在大学生志愿服务、参观体验、三下乡公益等思政课实践活动中感悟党的初心使命，激发"老西藏精神"催人奋进的动力价值。

第四章
"老西藏精神"融入高校思政课教学的价值意蕴

第一节 育人育才价值：培养担当民族复兴大任的时代新人

一、弘扬"老西藏精神"特别能吃苦的品质，争做肯吃苦的新时代好青年

"特别能吃苦"就是一代代"老西藏"们在西藏革命和建设实践中，不畏艰难险阻，以艰苦卓绝、坚韧不拔的姿态完成肩负的历史使命的革命精神。进藏部队官兵和地方工作人员进军西藏、解放西藏，首先遇到的就是艰苦。"老西藏"们面对的艰苦是难以想象的，缺氧之苦、寒冷之苦、饥饿之苦、劳累之苦、隔阂之苦、远离亲人之苦等。"老西藏"们能吃下这个苦，充分体现了"老西藏"们的自信、自立、自强和自尊的主体精神。在党的二十大报告中，习近平总书记强调广大青年要"立志做有理想、敢担当、能吃苦、肯奋斗的新时代好青年"。弘扬"老西藏精神"以特别能吃苦为核心所蕴藏的深厚的育人价值，与培育新时代好青年的要求高度契合。将"老西藏精神"特别能吃苦的事迹融入高校思政课教学，为大学生树立奋斗榜样，将

"特别能吃苦"的精神内化为大学生的价值追求、外化为自觉行动，成为有理想、敢担当、能吃苦、肯奋斗的新时代好青年。

二、弘扬"老西藏精神"特别能战斗的特质，培育青年创新创业的精神

特别能战斗展现的是解放西藏时期捍卫国家主权与领土完整，忠于祖国、忠于人民、敢于斗争、不怕牺牲的气概；是民主改革时期，"短短几十年，跨越上千年"的巨大勇气；是新时代以战斗为手段，打破思想禁锢，开拓实践，解放和发展生产力的伟大创新创业精神。改革开放后，"老西藏"们为了改变西藏贫穷落后的面貌，将"特别能战斗"精神转化为自觉行动的创新创业精神。改革开放的春风吹遍了雪域高原，西藏各族人民解放思想、与时俱进，冲破计划经济体制束缚，打破大锅饭，放下铁饭碗，投入改革开放的大潮中。"老西藏"们齐心协力，共同推进改革开放，僵化的体制机制被打破，生产力得到解放，西藏社会经济空前活跃。面对社会结构和经济结构转型背景下的社会发展需求，高校要注重学生的创新创业意识与能力培育，力求契合社会发展需求，培养出创新型人才。思政课是高校人才培养的重要环节，要充分挖掘"老西藏精神"特别能战斗的创新创业育人资源，使高校思政课发挥出培育广大青年创新创业精神的价值。

三、弘扬"老西藏精神"特别能忍耐的品格，矢志不渝心怀伟大的梦想

忍耐是一种坚韧不拔的意志，是一种无所畏惧的品格，也是一

种高贵的品质。而对"老西藏"们来说，忍耐更是一种敢于将一切艰难险阻踏在脚下的选择。这一选择，源于坦然面对得与失、苦与乐、荣与辱、生与死考验的傲骨，源于爱国、爱党和爱民的爱国主义情怀，源于"老西藏"们初心如磐心怀伟大梦想。在伟大梦想的激励下"老西藏"们经受了繁华世界的考验，经受了冰天雪地的考验，经受了高旷寂寥的考验，经受了常人所无法忍耐的一切。党的十八大以来，以习近平同志为核心的党中央，创造性提出并深刻阐述了中国梦这一重大的治国理政战略思想。中国梦凝聚了中华民族的整体力量，激发了中华民族奋斗的勇气和力量。中国梦与高校思政课紧密相关，高校思政课为实现中国梦培养了一大批朝气蓬勃的社会主义接班人。将"老西藏精神"特别能忍耐的品格融入高校思政课教学，能激发青年学生矢志不渝心怀伟大中国梦的奋斗精神，将精神价值转化为激励青年学生前进的实践动力。

四、弘扬"老西藏精神"特别能团结的境界，铸牢中华民族共同体意识

团结，是我党带领全国各族人民从弱小走向壮大，一路披荆斩棘取得胜利的重要经验。西藏特别能团结的基础在于，中华民族共同体五十六个民族的历史交融，千年的经济文化交流交往交融，各族人民守望相助的中华民族共同体意识。在西藏革命、建设和改革的各个历史时期，"老西藏"们始终像爱护自己的眼睛一样爱护民族团结，牢固树立"三个离不开"思想，共同团结奋斗，共同繁荣发展，各民族和睦相处，形成了军爱民、民拥军、军民团结一家亲的生动局面。铸牢中华民族共同体意识教育是高校思政课重要任务，更是思政课教

学的主要内容。将"老西藏精神"特别能团结的事迹，例如军民团结一家亲、进藏部队医务人员到农牧区为群众看病送药医治病人、支援西藏建设等，这些案例融入高校思政课教学，将有助于广大青年铸牢中华民族共同体意识。

五、弘扬"老西藏精神"特别能奉献的精髓，把个人理想融入国家命运

在进军西藏和建设西藏过程中，一代代"老西藏"们始终以大局为重，不负重托，无私地为西藏各族人民谋利益，默默地奉献着青春、汗水乃至宝贵的生命。"献了青春献终身，献了终身献子孙"是对一代代"老西藏"们无私奉献精神的形象概括和表达。他们铸就的辉煌是用艰苦卓绝的牺牲奉献换来的。据有关部门统计，从20世纪50年代到20世纪末这50年间，有一万多名进藏部队官兵和地方工作人员为西藏的革命、建设和改革事业付出宝贵的生命。奉献，就是在西藏这个特殊的环境中，一个群体将理想信念化为普通，变成言行，体现养成，最终升华为品格的结晶。正是在"老西藏精神"的激励和感召下，千千万万的祖国优秀儿女前赴后继，用青春、热血和生命谱写了今天的辉煌。将"老西藏精神"特别能奉献的精髓融入高校思政课教学，有利于广大青年学生将个人命运与国家命运联系起来，将个人理想同中华民族伟大复兴的中国梦联系起来，为国家发展建设贡献智慧和力量。

第二节 立德施教价值：锤炼新时代思政课教师高尚师德

一、"老西藏精神"铸牢思政课教师初心使命

初心是立业的始基。思政课教师的初心使命就是以立德树人为根本遵循，教好书育好人，从而培养出担当中华民族复兴大任的时代新人。教师的职业素养要求不仅需要一定的专业知识技能和一定文化水准，还需要高于世俗的道德境界和理想情操，同时兼有一定的牺牲和奉献精神。"老西藏精神"的特别能奉献品格能滋养思政课教师初心使命，在进军西藏、经营西藏和建设社会主义新西藏、推进改革开放实践中，一代代"老西藏"们常常把"宁静致远，淡泊明志"作为最高境界，把淡泊名利、无私奉献作为精神追求。他们身体力行、率先垂范，着力解决西藏各族人民的实际困难，从而赢得了信任、支持和拥护，为"老西藏"们赢得了崇高荣誉。思政课教师不一定能使自己伟大，但一定要捍卫思政课教师的崇高荣誉，"老西藏"们崇高的理想信念是思政课教师不忘初心使命的力量之源。

二、"老西藏精神"提升思政课教师理论素养

理论性是高校思想政治理论课回应学生、说服学生、引导学生的有力武器。正如习近平总书记所指出的："以透彻的学理分析回应学生，以彻底的思想理论说服学生，用真理的强大力量引导学生。"将"老西藏精神"融入高校思想政治理论课，对"老西藏精神"的提

出背景、历史地位、核心、精髓、内涵、时代价值等一系列问题进行深入透彻的学理研究，有利于提升高校教师的理论水平，增强思政课的学理支撑。

第三节　教育教学价值：深化高校思政课教学改革

高校思政课具有很强的时效性，需要随着时代的发展不断地改革创新。将"老西藏精神"融入高校思政课能丰富高校思政课的教学内容、创新高校思政课的教学方式、增强高校思政课的教学实效。

一、丰富高校思政课的教学内容

"老西藏精神"内涵丰富广泛，把"老西藏"们的故事资源引入高校思政课，可以为大学生思想政治教育提供具体生动的教育素材。例如，进藏部队的故事、援藏干部的故事、援藏企业的故事等，为开展思政课提供了丰富的教育素材，丰富了思政课的教学内容。同时，对于高校思政课而言，"老西藏精神"在高校思政课的各门核心课程中均有体现，是思政课教学的重要内容。

二、创新高校思政课的教学方式

思政课教学过程中借助以"老西藏精神"为底蕴的音乐、视频、音频、实物等载体向高校大学生进行理想信念教育，发挥音乐、视频、音频、实物等载体在育人领域形式多样、生动活泼、润物无声、潜移默化的效应，激发学生的学习兴趣和热情，促使高校学生在轻松愉快的氛围中对"老西藏精神"有比较清晰的认识，促使高校大学生

在心理上形成共振、情感上产生共鸣。

三、增强高校思政课的教学实效

当前，思政课在不同程度上存在内容枯燥、实践性不足、学生不重视等问题，难以吸引学生的注意力引起学生的共鸣，从而也难以达到学生对理论知识更深层次的理解与吸收，导致思想政治教育的效果大打折扣。将"老西藏精神"的典型案例融入高校思政课有利于增强高校思政课的亲和力和吸引力。例如，反映特别能吃苦的度过粮食危机、西北骑兵支队抢渡通天河、雪山娘子军等案例；反映特别能战斗的昌都战役中的千里大迂回、谭冠三平息拉萨叛乱、战斗到最后一人的阳廷安班等案例；反映特别能忍耐的在雪域高原洒下希望的种子、用生命换来的西藏民主改革、有理有节的政治斗争等案例；反映特别能团结的西藏自治区第一任主席阿沛·阿旺晋美、西藏人民的好医生蒋英、民族团结家庭的家长杨昌林等案例；反映特别能奉献的进藏英雄先遣连、血肉筑成进藏路、攀登者宣示主权等案例。"老西藏精神"案例教学为大学生成为时代新人提供了明确的价值引领和行为导向，增强高校思政课的亲和力和吸引力。

第五章
"老西藏精神"融入高校思政课教学的原则、维度和路径

习近平总书记指出:"思政课不仅应该在课堂上讲,也应该在社会生活中来讲,大思政课我们要善用之,一定要跟现实结合起来。"习近平总书记关于"大思政课"的重要讲话为新时代高校思政课教学提出了新任务和新要求。"老西藏精神"作为中国共产党人精神谱系在雪域高原上的具体体现,不仅是全国各族人民共同享有的精神食粮,而且是高校思政课教学的宝贵资源,是高校思政课教学的题中之义。

第一节 "老西藏精神"融入高校思政课教学的原则

推进"老西藏精神"融入高校思政课教学,应当坚持历史性与时代性相统一、理论性和实践性相统一、灌输性和启发性相统一,确保"老西藏精神"完整、准确、深入地融入高校思政课教学。

一、历史性与时代性相统一

坚持历史性与时代性相统一原则,既要根植于"老西藏精神"产生的具体历史实践,又要应用于"老西藏精神"在新时代的弘扬,

引导新时代的大学生自觉坚持历史性与时代性相统一的原则。历史性贯穿于思政课教学设计时，要以具体的人物故事和历史事件为主线融入思政课教学，例如，课前深入了解"老西藏精神"中丰富的历史事件和历史人物等，讲深讲透"老西藏精神"与中国共产党人精神谱系的历史渊源。时代性是指新时代弘扬"老西藏精神"，要在根植于中国特色社会主义伟大实践中赋予"老西藏精神"与时俱进的时代内涵，在新的起点上走好具有新时代中国特色社会主义的西藏发展道路，既要注意将"老西藏精神"与当今的社会主义新西藏建设、"两个一百年"奋斗目标等时代内容相结合，又要引导大学生用发展的眼光看待"老西藏精神"。

二、理论性和实践性相统一

坚持理论性和实践性相统一，既要讲清讲深讲透"老西藏精神"，又要带领学生走向社会体悟家国情怀。理论性原则作为思政课教学目标的内在要求和课程性质的本质要求，思政课教师在课堂上要讲清楚"老西藏精神"是马克思主义中国化时代化在西藏的具体实践应用，讲深讲透"老西藏精神"与中国共产党、与中华民族之间的内在联系，讲清楚"老西藏精神"的历史逻辑、理论逻辑和实践逻辑。重视实践性是考虑到实践教学可以打通大学生思想政治教育的"最后一公里"，通过将思政课的理论小课堂同社会上的实践大课堂相结合，组织大学生参加"老西藏精神"相关的思政课实践教学活动，如民族团结进步月、汉藏和美一家亲等，逐步提升新时代大学生对"老西藏精神"的认同感。

三、灌输性和启发性相统一

坚持灌输性和启发性相统一的原则，既要做到"灌中有启"，又要"启中有灌"。一是要重视发挥教育者的主导作用，认识到灌输是启发的基础，思政课要把"老西藏精神""灌输"给学生，要搞清楚"灌什么""怎么灌"，应将教材体系创造性地转化为教学体系，注重理论话语向感性话语的转变，讲好"老西藏精神"中的孔繁森，以及卓嘎央宗等故事，以正确的讲授方式引导大学生树立正确的价值观念。二是要尊重学生的主体性，注重启发教育。思政课教师要掌握大学生品德发展的规律，聚焦学生的思想困惑，选择符合学生生活实际、认知水平和探究兴趣的"老西藏精神"的教学案例，灵活运用灌启结合的教学方法，抽丝剥茧、层层深入，不断激发思想共鸣，引导学生主动参与思政课教学，只有这样才能使"老西藏精神"入脑入心。

第二节 "老西藏精神"融入高校思政课教学的维度

一、突出政治高度：彰显"老西藏精神"独特的鲜明价值

习近平总书记指出："办好思想政治理论课关键在教师，关键在发挥教师的积极性、主动性、创造性。"因此，将"老西藏精神"融入高校思想政治理论课教学，要突出政治高度、饱含情怀温度、正视现实难度，要注重思政课教师的教育内容和相关理论的阐释宣传能力

提升，从而使教师经历从"自发"到"自觉"再到"自为"的能力融入提升过程。

（一）教学目标要突出政治高度

"老西藏精神"孕育在艰难困苦的自然环境和政治宗教复杂的社会环境中，在党的思想路线指引下，坚持正确的政治方向，使得在西藏这样一个没有任何革命基础的特殊民族区域，实现和平解放，完成民主改革，终结了政教合一的封建农奴制度。坚定正确的政治方向是"老西藏精神"的灵魂，也是"老西藏精神"独具特色的鲜明价值。"老西藏精神"坚定正确的政治方向，与坚守为党育人、为国育才的思政课教学目标高度一致。思政课具有鲜明的政治性，突出政治高度是思政课的本质要求，思政课教师需深刻领会"老西藏精神"的独特价值，增强在立德树人、铸魂育人实践中旗帜鲜明讲政治的信心，站在党和国家的战略全局、政治大局的高度讲好思政课的本领。

（二）教学内容要突出政治高度

思政课传授的主要是马克思主义基本理论及其中国化的理论成果，围绕中国共产党为什么能、马克思主义为什么行、中国特色社会主义为什么好等重大问题开展教学。思政课教师要讲清楚马克思主义的真理力量、讲清楚中国特色社会主义制度的优势、讲清楚只有中国共产党才能领导中国的道理。"老西藏精神"蕴含丰富的思政课教育资源，兼具学理和政治的双重属性，能帮助学生理解马克思主义的"大道理"。一代代"老西藏"们坚持党实事求是的思想路线，将马克思主义的原则性和实事求是的灵活性与西藏具体实际相结合，完成了党交给的历史使命和光荣任务；在解放西藏、民主改革、成立西藏自治区和改革开放各个时期的伟大实践中，"老西藏"们践行全心全意

为人民服务这一党的根本宗旨，发扬中国共产党人无论何时何地，个人利益都要服从于人民利益；在西藏革命和建设进程中，"老西藏"们将统一战线作为重要任务和主要工作，团结了西藏一切可以团结的反帝爱国力量，为西藏的解放、建设和改革发挥了重要作用。

二、饱含情怀温度：创新"老西藏精神"融入思政课方式

习近平总书记强调，"心中始终装着学生，让思政课成为一门有温度的课"。在将"老西藏精神"融入思政课教学中，教师不仅要做足自身的"硬功夫"，还要创新授课中的"软方式"，在思政课教学过程中，将"老西藏精神"以鲜活式、立体式、全景式方式呈现在学生面前，增强思政课的生动性和吸引力。

（一）情真意切讲道理

习近平总书记在中国人民大学考察时强调："思政课的本质是讲道理，要注重方式方法，把道理讲深、讲透、讲活，老师要用心教，学生要用心悟，达到沟通心灵、启智润心、激扬斗志。"思政课不仅要讲好道理，还要讲好故事，增强思政课的现实魅力和育人价值，使政治认同等学科核心素养及时有效落地。将"老西藏精神"融入高校思政课教学，就要情真意切讲"老西藏"的故事，就要深入学习了解"老西藏精神"典型案例。"老西藏精神"是一座丰碑，它镌刻着以第十八军为主要代表的四路进藏部队官兵、地方工作人员和一代代"老西藏"们，为西藏的革命和建设，特别是为社会主义新西藏的发展与稳定所创立的不朽历史功勋。

（二）技术赋能促成效

更迭"老西藏精神"融入高校思政课的伴随场域。现代信息技术的快速发展为教学方法的优化升级提供了契机。"老西藏精神"融入高校思政课的教学方法理应随着现代信息技术的广泛应用而不断更迭。比如在情景教学方法的运用上，可以借助 AR 技术、VR 技术虚拟仿真西藏情境，使学生沉浸在"老西藏"们艰苦创业、无私奉献的体验当中；在案例教学法的运用上，可以融入数字展示技术全方位地展现"老西藏"们的奋斗历程以及所取得的巨大成就；在灌输教学方法的运用上，可以借助大数据算法精准把握学生对"老西藏精神"的理论需求情况和认知情况，更加因材施教地加以灌输。

三、正视现实难度：拓宽"老西藏精神"融入思政课维度

"老西藏精神"是高校思想政治理论课的融入内容，高校思想政治理论课是"老西藏精神"的融入对象。要实现融入内容与融入对象的无缝衔接，就要拓宽"老西藏精神"融入思政课的内容维度和载体维度。

（一）内容维度

首先要厘清融入内容，深刻领会"老西藏精神"的实质，精准把握"老西藏精神"的核心要义。然而在现实的融入过程中却存在着对"老西藏精神"的认识不全面、融入内容的碎片化、融入方式单一化的现象。将"老西藏精神"融入思政课需要以"老西藏精神"的核心、精髓为纲，把握好"特别能吃苦、特别能战斗、特别能忍耐、特别能团结、特别能奉献"具体精神之间的内在关联，实现"老西藏精

神"的整体性融入。此外，融入方式要多元化，加强融入内容与知识点的针对性。要综合考虑受教育者的年龄、专业、实际思想状况、学习基础等具体特点，有针对性地运用教学方法。

（二）载体维度

"老西藏精神"需要借助多元载体的动态交互方能实现全方位、全过程、立体化地融入高校思政课教学。然而在融入实践中却存在着融入载体过于单一，融入内容、融入形式与融入载体不相适应等问题。一方面，思政课教师要拓宽融入载体。在案例载体基础上，多将融入场域设置在高校思政课堂外部，例如学生实践载体、校园文化载体、社会舆论载体等，这将有利于教育者与受教育者之间进行思想交流、产生情感共鸣。另一方面，思政课教师根据课程载体、实践载体、校园文化载体、社会舆论等不同载体各有特点，调整"老西藏精神"融入思政课的功效设计与其相适应的内容和形式，提高各种思想政治教育载体承载传递"老西藏精神"的效率效能。

第三节 "老西藏精神"融入高校思政课教学的路径

"大思政课我们要善用之"。目前学术界对中国共产党人精神谱系融入高校思政课教学的研究较为丰富，但"老西藏精神"融入高校思政课教学研究较少，尤其以"大思政课"为视角的研究成果更少。因此，在前人研究的基础上，以"大思政课"为研究视角，充分调动全社会力量和资源，从争当大先生、重塑大课堂、搭建大平台、创新大评价四个方面全面推进"老西藏精神"融入高校思政课教学，构建"老西藏精神"融入高校思政课教学的育人格局，以期凝聚"大思政

课"育人合力、提升"大思政课"育人实效、深化"大思政课"育人功能、落实"大思政课"育人效度。

一、争当大先生，凝聚"大思政课"育人合力

习近平总书记强调："办好思想政治理论课关键在教师。"高校思政课教师承载着为党育人、为国育才的初心使命，应有争当"大先生"的决心。"老西藏精神"融入高校思政课不仅要求学校构建大师资的育人格局，而且需要思政课教师厚植大情怀和开拓大视野，实现从"经师"到"人师"的蜕变。

构建大师资。大师资育人格局强调的是党委统一领导、党政齐抓共管、有关部门各负其责、全社会协同配合的大师资，从而形成"大思政课"育人合力。一是顶层设计上，学校要严格执行党和政府的决策部署，加强思政育人的任务体系、队伍体系和实践体系建设，搭建全员参与的协同育人工作机制，为"老西藏精神"融入思政课教学提供制度保障。二是教师队伍上，建立兼职教师协同教学制度，校内思政课与专业课教师、辅导员及行政人员之间紧密合作，如校外聘请"老西藏精神"相关的博物馆讲解员、专家学者和"老西藏"们为兼职思政课教师，定期开展讲座等活动。

厚植大情怀。思政课是一种具有情怀和情感的教学活动，教师是否拥有情怀直接影响到教学的实际效果。一是厚植家国情怀。家国情怀是一种内心最质朴的爱国情感，思政课教师要深刻理解西藏人民在中华民族一家亲中发挥的重要作用，将家国情怀铭刻于骨、融化于心，这是民族大义，更是我们的文化基因。二是厚植传道情怀。传道情怀表现为对思政课教育教学的执着追求和热爱，愿做一个忠实的马

克思主义理论"传道者",以真诚、奉献、仁爱的精神投身思想政治课教学,把培养社会主义现代化建设的建设者和接班人的理念外化为自己的行动,用真挚的情感交流促使学生"亲其师""信其道"。

开拓大视野。思政课是一门涉及多学科知识的融合性课程,讲好思政课不仅要求教师知识面宽,还需要具备国际视野、历史视野与交叉学科视野。一是拓宽国际视野。西藏的民族和宗教问题是许多西方媒体广泛炒作的重点话题,思政课教师要让学生了解事件的全貌,坚定"四个自信",主动回击境外的各种抹黑。二是树立历史视野。思政课教师不仅要坚持马克思主义历史观,全面了解中华民族的发展历程和西藏和平解放的历史事实,从历史进程中总结发展规律,挖掘教学素材,而且要引导青年学生全面、客观、理性地看待问题、分析问题,把握历史规律。三是培养交叉学科视野。教师可以从多学科的角度善于发现和挖掘其他学科或课程中的思政元素,并融入思政课课堂,提升思政课堂教学的吸引力。例如,思政课教师给动漫设计专业教学时,组织学生开展"老西藏精神"红色绘画实践,从而不断加深学生对"老西藏精神"内涵的认识。

二、重塑大课堂,提升"大思政课"育人实效

"大思政课"突破了传统意义上思政课教学的时空限制,将理论教学从第一课堂延伸至课外生活的第二课堂,并联动"社会大课堂",拓宽了思想政治教育的渠道与平台。大课堂围绕"培养什么人、怎样培养人、为谁培养人"这一根本性问题,贯通价值引领与知识传授,从知识根基、文化氛围和实践检验三个维度入手,积极打造课堂教学、校园文化和社会实践三大课堂,将立德树人根本任务贯穿于知识

链、文化链和实践链的育人全链条，全面推进"大思政课"建设。

夯实课堂教学第一课堂，聚焦育人深度。课堂教学是立德树人的主阵地，一是守好站稳思政课堂主战场，深入挖掘"老西藏精神"蕴含的思政元素，将"老西藏精神"相关的红色文化资源作为鲜活而生动的教学素材和教学资源，全面融入各门思政课程。二是丰富"老西藏精神"融入高校思政课教学的内容与形式。通过案例式、专题式、混合式、沉浸式等多样化的教学方法，开展可看、可听、可讲、可学的立体式教学方法。三是上好课程思政。各专业教师自觉承担起传承和弘扬"老西藏精神"的使命与职责，利用其蕴含的爱国主义、理想信念、工匠精神等思政元素，将"老西藏精神"有机融入其他各类课程，实现思政课程与课程思政的同向同行、同频共振。

优化校园文化第二课堂，拓展育人广度。生动特色的校园文化是新时代大学生成长成才的沃土，也是"老西藏精神"融入思政课，充分发挥精神育人作用的重要载体。一是提升"老西藏精神"文化环境氛围，开展以"红色+文化"为内核的校园环境建设。如打造"老西藏精神"红色文化墙、文化长廊等文化地标，营造红色教育氛围。二是组织开展"老西藏精神"校园文化活动。如在重要的节日纪念日时，邀请"老西藏精神"的模范人物和专家学者开展座谈会、报告会，组织"老西藏精神"红歌竞赛和观影活动等，提升大学生对"老西藏精神"的认知。

拓展社会实践第三课堂，提升育人力度。社会实践大课堂是课堂教学的延伸和拓展，也是引导学生将理论知识外化为自觉行动的关键教学环节。一是构建实践教学课程体系。用好"老西藏精神"丰富的红色资源，将读万卷书与行万里路有机融合，因地制宜制定实践教

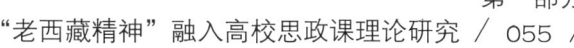

学大纲、规范实践教学秩序,让学生在实践历练过程中感受"老西藏"们曾经遭受的困难和曲折,感悟"老西藏精神"的磅礴伟力。二是建好思政课实践教学基地。将思政课堂"搬"出教室,鼓励师生走出校门,深入实践基地,引导学生牢记"眼中有山河,心中有人民,脚下有泥土,肩上有担当,手中有本领"的使命,投入乡村振兴等社会实践中。

三、搭建大平台,深化"大思政课"育人功能

习近平总书记在全国高校思想政治工作会议上强调:"要运用新媒体新技术使工作活起来,推动思想政治工作传统优势同信息技术高度融合,增强时代感和吸引力。"新时代应利用网络、多媒体等现代教育技术,通过建立"老西藏精神"的教学资源平台、科研资源平台和实践资源平台,不断深化"大思政课"育人功能。

拓展课程教学资源平台。一是依托校内网络平台,创建"老西藏精神"教学资源库。思政课教师可以上传教学大纲、教学课件、教学视频、教学案例、教学重难点问题等教学资源,供师生在线学习使用。二是建立教学研讨模块。教师针对"老西藏精神"融入思政课教学问题进行集体备课、集体教研和教学成果展示等,分享自身解决相关问题的教学设计、教学方法等教学经验。三是建立师生交流模块。学生可借助平台提出理想信念、道德情操、生涯规划等思政课程方面的疑惑,思政课教师及时进行答疑解惑。

打造学术研究资源平台。思政课教师要提升关于"老西藏精神"教育方面的综合素养,只有自身学懂学透"老西藏精神"的知识,才能为学生讲清楚、讲明白"老西藏精神"的思想内涵。一是建立"老

西藏精神"研究网络平台,将相关研究文献、口述史资料、音视频等资料汇总上传,建立一个共建共享的"老西藏精神"研究资源平台。二是加强"老西藏精神"研究,以科研支撑教学。思政课教师要深刻把握"老西藏精神"的历史内涵、生成机理、核心要义、历史地位、时代价值等,并在学理上对其进行科学阐释和讲解,才能实现思政课价值性与知识性、政治性和学理性的统一。

强化实践基地资源平台。一是与革命纪念馆、烈士陵园、博物馆等共建"老西藏精神"思政课实践教学基地。组织学生定期参加实践教学活动,开展"行走的思政课"的实践教育,将课堂延展出教学楼,把"纸上谈"变成"实践行",充分调动学生的积极性与互动性。二是建立思政课实践教学网络平台。学生在平台上可以根据自己的兴趣爱好自主选择实践教学项目,展示实践教学成果,还可以与师生互动交流,进而激发学生的学习兴趣,解决实践教学覆盖面小等问题。

四、创新大评价,落实"大思政课"育人效度

教学评价体系是"大思政课"建设效果的探测器和矫正器,创新"大评价观"是让学生置于思政课与现实世界的广泛联系中,利用大数据、人工智能等信息技术开展思政课综合评价,让学生摆脱以往静态化、孤立化、知识化的评价,转向客观化、过程化、个性化的评价,提升"大思政课"育人效度。

评价主体多元化,强化全面性评价。一是专任教师主导评价。教师在学生学习过程中最了解学生的学习情况,掌握学习目标的制定、学习计划的实施、学习结果的反馈等全过程。二是学生主体评价,包括学生自评和学生互评。学生自评可以让学生在思政课学习中

发现自己的成功与不足，同学互评可以起到互相督促、互相学习的作用，培育学生良好的团队合作精神。三是兼职教师补充评价。兼职教师评价促使各评价主体打破壁垒、跨界合作、优势互补，形成有机、和谐、共生的融合型评价关系，实现不同评价领域之间的信息共享，提高评价结果的全面性和科学性。

评价过程系统化，强化生成性评价。评价过程系统化是对课程实施意义上的学习动机、过程与效果的三位一体的评价。一是采用课前、课中、课后的过程性考核视角。评价时将学生的学习态度、参与态度、日常表现、学习成果等同时纳入考查范围，不仅关注学习结果，更关注学习过程。二是采用数字化技术开展多元管理，强化过程性评价。通过思政课教学平台，重塑教学评价工作流程，采取"日常行为+课堂表现+实践教学"评价模式。

评价结果动态化，强化增值性评价。增值性评价是用发展的观点看问题，追踪学生在一定时间内的思想品行的成长、进步，关注学生的点滴进步，用发展的眼光评价学生，让学生体会到自我价值的实现。一是注重评价结果的成长性。基于大数据技术，借助学生的日常行为、课堂表现、校园文化活动和实践教学活动等教学数据的采集和深度挖掘，变"固化的结论"为"过程的激励"。二是强调评价结果的应用性。增值性评价关注一定时间段内学生的思想变化，能够帮助教师了解学情，通过判断学生当前的思想行为表现和教学目标之间差距，根据反馈结果，及时调整教学策略，实现动态性评价与结果性评价的有机结合。

第二部分

"老西藏精神"融入高校思政课教学案例

"老西藏精神"是优秀的高校思政课教学资源。"老西藏精神"形成于20世纪五六十年代，是进藏的人民军队和党员干部在西藏革命、建设、改革过程中逐步形成、发展和完善的党的宝贵精神财富，是中国共产党人崇高品质与西藏特殊实际相结合的丰硕成果。"老西藏精神"是继红船精神、井冈山精神、苏区精神、长征精神、延安精神、西柏坡精神之后的又一重要革命精神，是西藏红色文化基因的最生动体现。"老西藏精神"生动体现了思政课的教学内容，是高校思政课教学内容独具特色的资源载体。将"老西藏精神"红色文化资源融入高校思政课教学，不仅可以丰富教学内容，提高教学效果，转化为思政课教学的重要优势，同时，弘扬"老西藏精神"也是高校思政课教学义不容辞的责任。

　　下面，将以本科、专科院校共同开设的《思想道德与法治》（2023版）和《毛泽东思想和中国特色社会主义理论体系概论》（2023版）课程为例，将"老西藏精神"案例依次融入各个专题的课堂教学中，以供各位教师和同学参考学习。

第一章
"老西藏精神"融入《思想道德与法治》教学案例

第一节 领悟人生真谛 把握人生方向

知识点 1：高尚的人生追求——服务人民、奉献社会

【案例导读】

服务人民、奉献社会的思想以其科学而高尚的品质，代表了人类社会迄今最先进的人生追求。服务人民、奉献社会这一高尚的人生追求，熏陶、感染了一代代革命者和建设者，对中国革命、建设、改革事业产生了重要推动作用。西藏和平解放后，"长期建藏"成为党的西藏工作的出发点，决定了整个西藏建设工作的思维方式。在"长期建藏"思想的引领下，许多无私奉献的楷模留下了可歌可泣的事迹，他们为西藏的繁荣发展作出了不可磨灭的贡献。

【案例文本】

孔繁森 1944 年出生于山东省聊城市的一个贫苦农村家庭中。在中国共产党的教育下，他 18 岁圆梦参军，1966 年光荣入党，1969 年

从部队复员后，他从工人当起，后因工作优秀被选拔为国家干部。在1979年，国家需要抽调一批干部进藏工作，当时任聊城地委宣传部副部长的孔繁森，听到消息后立刻欣然报名。起初，组织上安排孔繁森为日喀则地委宣传部副部长，但在报到后，自治区党委见他年轻有活力，身体强壮，于是研究决定让他到海拔高达4700多米的岗巴县任职县委副书记。在组织征求他意见时，他想都没想就同意了，回答："我年纪轻，没什么问题，大不了多喘几口粗气。"

1978年党的十一届三中全会刚刚开过，家庭联产承包责任制在西藏地区推广进入了关键时期。孔繁森在岗巴县度过的3年，跑遍了全县的每一个乡村牧区，孔繁森每到一处访贫问苦，积极宣传党的相关政策，和老百姓一起收割、干活、打场、挖泥塘等，与当地老百姓结下了深厚的情谊。他在西藏工作3年，深深爱上了这片壮丽、神奇的雪域高原。1981年交流任职结束，孔繁森将调回山东，在离开岗巴县时，当地藏族同胞依依不舍地含着眼泪为他送别。

1988年，山东再次选派一批进藏交流干部，组织上一致认为孔繁森在政治上的成熟，加上他又有第一次在西藏工作的经验，便一致决定让他带队二次进藏。实际上，孔繁森家中母亲年事已高，妻子也体弱多病，自己去西藏后，身上的重担就将全压在妻子一人身上。虽然满怀着对家人的愧疚，但他还是坚定那句话："我是党的干部，服从组织安排。"第二次进藏，孔繁森被组织委任拉萨市副市长，分管文教、卫生和民政工作。在拉萨期间，孔繁森跑遍了整个拉萨市的8个县区的所有公办学校。在孔繁森以及拉萨整个教育工作战线的共同奋斗下，拉萨市的适龄儿童整体入学率从45%增长至80%。

1992年年底，孔繁森二次进藏任职期满，山东省已为他安排好

工作，妻子也满怀期待，希望他早日归家。但恰好此时，原阿里地委书记因身体不好被调离原岗位，急需一位干部接任，在西藏自治区党委会上，大家一致同意，孔繁森是最合适的书记人选。自治区区委主要领导找到了孔繁森问："你愿意去吗？"孔繁森毫不犹豫回答道："我去。""那你家中困难该怎么办？""困难有，我努力克服吧。"对年近50的孔繁森来说，这第三次选择是他整个人生路上的关键转折。

孔繁森到阿里地区以后，面临的第一个难题就是有四十多封请求调岗的工作报告摆在了他的面前，这对人才紧缺的阿里地区来说是雪上加霜的一件事情。"如今，他们集体申请调岗，大多数都是对阿里地区的发展前途缺乏足够的信心。解决问题的关键是要立刻找到阿里地区发展的突破口。"孔繁森说。在任职期间，他力主恢复了郎久地热电站，阿里防抗灾基地、狮泉河给排水工程、五县住房改造工程等基础设施工程。在日土县，孔繁森推动成立了年产值过亿的山羊绒梳绒厂以及阿里鱼骨粉加工厂，此外，阿里硼矿脱水厂、阿里水泥厂等也相继建立起来。在孔繁森及党员干部的带领下，阿里地区经济得到快速的恢复与发展。1994年，全地区国民生产总值已经超过1.8亿元，其中国民收入也超过1.1亿元。

1994年11月29日，孔繁森乘车前往新疆塔城地区调研考察贸易工作，在返程途中因路面太滑不幸发生车祸，不幸殉职，年仅50岁。在处理孔繁森的后事时，老百姓只看见了他留下的2件遗物，一件是8元6角钱，另一个就是孔繁森去世前写的对发展阿里经济的十二条具体建议。

"冰山愈冷情愈热，耿耿忠心照雪山。"孔繁森的一生，正如同他诗中所写，将一颗火热的心奉献给西藏，同时，这也是多少年如一

日默默无闻、坚守西藏高原的党员干部的真实写照。

1995年，孔繁森被国家追授"模范共产党员"和"优秀领导干部"荣誉称号。在2009年入选"100位新中国成立以来感动中国人物"。此外，孔繁森还荣获"改革先锋""最美奋斗者"和"全国民族团结进步模范"等荣誉称号。

（参见：罗田怡. 扎根西藏，他成为援藏干部的楷模[N]. 华西都市报，2021-10-28.）

【案例点评】

孔繁森进藏，在党的召唤面前，在人民需要的时候，他都挺身而出，将一腔热血甚至于生命，奉献给了藏区人民，为阿里地区的发展作出了重要贡献。孔繁森把自己的人生与国家、民族、人民联系在一起，自觉地把自己的一生奉献于利国利民的事业，真正做到了服务人民、奉献社会。

【链接知识】

人民群众是社会历史的主体，是社会物质财富和精神财富的创造者，是社会变革的决定力量。正如毛泽东所讲："人民，只有人民，才是创造世界历史的动力。"服务人民、奉献社会的人生追求，以历史唯物主义关于人民群众是历史创造者的基本观点为理论基础，指明了人在成长和发展过程中应确立人生目标和方向。不论在革命战争年代，还是在和平建设时期，服务人民、奉献社会这一高尚的人生追求，熏陶、感染了一代代的革命者和建设者，对中国革命、建设、改革事业产生了重要的推动作用。新时代大学生要把为国家和人民事业

无私奉献作为人生的最高追求，在服务人民、奉献社会中收获成长和进步。

知识点 2： 辩证对待人生矛盾——生与死

【案例导读】

在修筑川藏、青藏公路过程中，牺牲了 3000 多名解放军官兵。他们为了西藏人民的解放，为了西藏的建设事业，献出了自己年轻的生命。他们的英雄壮举和奉献精神，将永远被后人铭记。

【案例文本】

1949 年新中国成立之初，为实现祖国的完全统一大业，促进民族团结，建设西北、西南边疆地区，中央决定全力修筑川藏、青藏公路。当年首批进藏的一千多名解放军女战士，也均参加了修路、修机场、运送物资等建设工作。第十八军第五十三师的王琦玉等 10 多名女战士，在 1951 年春天也参加了修建甘孜机场的施工工作。

王琦玉等女兵在回忆那段修路岁月时满含热泪，当时，战士们除了棉衣和衬衣之外，她们几乎没有其他的衣服穿。老棉衣一年四季不能脱下来，那时候又没有罩衣，没有办法换洗，老棉衣穿到最后是又脏又破，衣服的领子、胸口和两个袖子脏成了黑色。女战士的头发经常摩擦衣领，把衣领摩擦得乌黑发亮。她们来到青藏高原几个月后，由于燃料的匮乏，基本只能满足吃饭使用，没有多余的热水给她们去洗头洗澡。

按照修路的施工标准，女战士的任务是要去河流里面找石头搬

石头。有时候虽然是大晴天，但从高高的雪山上流淌下来的河水是冰凉刺骨的，女战士捞一阵子石头就得爬上来全身跳一跳，大的石头搬不动了就去搬小的。一段时间后，部分女兵就得了病，住进了医院。上级组织考虑到女战士的特殊生理情况，把她们的任务改成砸石头。

当青藏高原的雨季到来的时候，女战士们用正方形的雨布搭成的帐篷就很难遮风挡雨了。女战士们必须立刻搭建起一个结实的房子。建房子按照就地取材的原则，必须建成地穴式的房子。这种地穴式的住室，除了可以躲避风雨，还能躲避中午强烈的紫外线太阳光。

有一天夜里，王琦玉等女战士们在梦中被指导员喊醒："同志们，快起来呀，有个房子塌了，快来救人啊！"当王琦玉跟着大家跑到倒塌的房子跟前时，看到倒塌的房子整个都掉在了坑里，把一个女兵班全部压在下面。虽然大多数被埋在下面的女战士被先后救了出来，但遗憾的是有4位女战士永远停止了呼吸，失去了生命。牺牲的4名女战士被安葬在距机场不远的大草原上，不远处就是神圣洁白的雪山，身边就是遍地开的鲜花。2017年9月，牺牲女兵们的陵墓被国家迁进了甘孜县烈士陵园。

参加修路的第十八军老战士高平也讲述了张福林战士牺牲的经过。张福林是第十八军炮班的班长。1951年12月10日，在抢修雀儿山道路的施工中，张福林主要负责检查装药爆破。在中午12点钟，炊事班的战士给他送饭时，张福林正在拿着雷管检查炮眼，突然发现第三排的炮眼位置不合适，他正准备纠正改善。突然有一块大石头从他的头顶滚了下来。哨兵喊他的时候，张福林已经来不及躲了，被砸得疼昏了过去。战士们立刻用撬杠把大石头撬开，过了一会儿后，张福林苏醒了，第一句话是大喊"指导员"。指导员尹守信含着眼泪来

到他的身边，张福林说："我受伤很严重，肯定是不行了，我以后不能再为人民服务了，我身上还有四元五角钱，把它作为最后的党费吧。"就在这时，卫生员跑过来要给张福林打强心针，张福林说："我已经不行了，打针也没有用，给国家节省这一针药吧。"当战士们抬他上担架的时候，张福林同样拒绝了说："我已经不能再参加施工了，同志们，施工紧张，别耽误干活，要提前抢通雀儿山。"张福林自己一直没说过疼，即使在最痛的时候，也只是咬咬牙。张福林是河南扶沟县人，牺牲时年仅26岁。

公路就是这样一寸一寸地向前铺着。战士们在修路工地上，随时随地都有可能遇到岩石滚落、悬绳断裂、山体崩塌等危险，但为了把路早日修通，早日给西藏人民带来幸福，战士们无所畏惧，一直乐观地战斗着。

（参见：马三成，郭六峰. 天路筑丰碑[N]. 解放军报，2021-07-21.）

【案例点评】

川藏公路、青藏公路不仅是前辈给后人留下的具有重大政治、经济、国防价值的两条重要运输生命线，而且形成和发扬了极其宝贵和影响深远的"两路"精神，至今，这种无畏险阻、无私奉献的精神在千万中国人身上得到了传承和弘扬。

【链接知识】

在人类历史的长河中，个体的生命相对而言是短暂的。从一定意义上说，正是因为生命短促，每个人只有一次生命，才更显示了人

生的弥足珍贵。如何认识、对待生与死,体现了一个人人生境界的高低,更直接影响着他的生活。大学生要牢固树立生命可贵、敬畏生命的意识,倍加爱护自己和他人的生命,理性面对生老病死等自然现象,努力使自己的生命绽放出人生的光彩。同时,新时代的大学生也要有为了崇高目标而勇于奉献、敢于牺牲的精神。孔子谓"杀身成仁",孟子曰"舍生取义",司马迁讲"人固有一死,或重于泰山,或轻于鸿毛",这些千古名句说明,人的生命价值在于个体生命付出背后的意义。个体生命的长度总是有限的,但为人民服务、为人类进步事业贡献力量是无限的。大学生应珍爱生命、珍惜韶华,在服务人民、投身民族复兴伟大事业中发掘出生命所蕴藏的巨大潜能,努力给有限的个体生命赋予更大的意义。

第二节　追求远大理想　坚定崇高信念

知识点1：艰苦奋斗是实现理想的重要条件

【案例导读】

西藏经历了和平解放、民主改革、现代化建设,一路走来,各族干部群众团结一致、迎难而上,创造了西藏短短几十年跨越上千年的人间奇迹。在进军途中以及之后破山修路、开荒生产、平叛和民主改革、自卫反击战、建设新西藏的岁月里,十八军进藏部队的军人和老一代进藏工作的人们,艰苦奋斗、吃苦耐劳、无私奉献,形成了"老西藏精神"。

【案例文本】

新中国成立后，根据毛泽东同志指示，由张国华、谭冠三率第十八军进军西藏。经过长期枪林弹雨、出生入死的战争生活，十八军官兵刚刚安定下来，加上西藏路途遥远、交通不便、补给困难，听到进藏安排时，一些战士有了畏难情绪。

谭冠三在第十八军领导中年纪最大，当年已40多岁，患有高血压，且身上有弹片尚未取出，头部曾受过严重损伤。据时任军参谋长的陈明义回忆，谭冠三在会议上说：我们万里长征都过来了，西藏再艰苦，也跟长征差不多。汉朝有个班超还出使西域咧！我们就要做当代的班超。别看我年纪比你们大一些，我坚决响应党中央、毛主席的号召，到西藏去，把老婆也一同带去，不在川南安家。说到这里，他激动地站起来，高声说道："为了解放西藏，我愿献出一切，把自己这把骨头埋在西藏大地！"张国华听完发言后连声称赞。"好、好、好！这个头带得好！"

西藏极其复杂和艰险的自然环境，以及特殊的社会政治形态，使得解放军进军西藏，面临巨大困难。部队后勤保障难，官兵开进行路难，民族宗教问题处理难。为使部队更好地适应在藏区行军、作战和工作，张国华、谭冠三组织部队开展了"思想革命化，生活高原化"活动，自己带头吃羊肉、抓糌粑、喝酥油茶。他们还要求部队掌握一些藏族语言文字，掀起学习藏语、藏文的热潮。张国华和谭冠三带头学习。由于年龄较大，乡音较重，藏语卷舌音和颤音多，学习中遇到不少困难。但他们以惊人的毅力，下苦功夫努力学习。当时军部的学习班有军长、政委、政治部主任等，规定早操之后、早饭之前学

习。张国华、谭冠三总是提前到达，坐在第一排。

西藏当局企图阻止十八军于金沙江以东。为排除阻力，进行一场军事较量已不可避免。中央决定以打促和，及时进行昌都战役。战斗中，中路侧击昌都的五十二师主力，曾出现多数单位断粮的情况。一五五团三营官兵饿着肚子奔袭，有的跑得口吐鲜血，有的昏倒在地，苏醒后又继续前进。一五六团为了继续追击南逃的藏军，忍痛杀掉几匹骡马，又向藏胞买了几十筐圆根（块根植物，形似萝卜），没有分到马肉的掉队人员，就吃剩下的马皮，继续赶路。右路担任迂回任务的一五四团和青海骑兵支队，迂回路线跨四川、青海、西藏3个省区，行进在海拔4000米以上、长达1400多里的青藏高原的三角地段上，在缺粮、挨饿、大批人员掉队、大量马匹死亡的情况下，每天在崇山峻岭中急进八九十里以至一百六七十里，先藏军抢占了恩达，截断了藏军西逃的退路，保证了战役胜利。参战官兵英勇战斗，排除万难，翻高山，跨江河，抗缺氧，忍饥饿，战严寒，一往无前，像一把钢刀直插昌都。

西藏和平解放后，张国华、谭冠三继续为增进民族团结，发展西藏经济，维护祖国统一，捍卫领土完整而殚精竭虑、忘我工作。1959年至1961年，他们率领部队彻底平息了这场武装叛乱，为西藏进行民主改革铺平了道路。长年的征战和高原生活，使张国华的身体受到很大损害。1972年2月20日，时任成都军区第一政委、四川省委第一书记、四川省革命委员会主任的张国华，在一次会议中突发急性心肌梗死，于21日凌晨不幸逝世，年仅58岁。当张国华的骨灰由专机护送到北京时，周恩来亲自到机场迎接骨灰。毛泽东叹息道：再也见不到张国华了！谭冠三逝世前，向党组织提出的唯一要求是：

"我死后，请把我的骨灰运回西藏，埋在高原"，"让我化作肥料，最后为西藏人民做点贡献"。1985年12月6日，谭冠三与世长辞，终年78岁。翌年8月1日，谭冠三骨灰安放仪式在拉萨西郊八一农场举行，老将军把自己的一切都融进了西藏这片热土中。

（参见：郭正新. 张国华、谭冠三率领十八军进军西藏[J]. 史事忆念，2021（12）：30–44.）

【案例点评】

西藏号称世界屋脊，条件艰苦。第十八军将士忠于祖国、听党指挥、服从大局、边疆为家，发扬自力更生、艰苦奋斗、吃苦耐劳、不畏艰险优良传统，靠着一双铁脚板，官兵走过几千公里路程，翻过十几座海拔4500米以上的雪山，跨过几十条大小冰河，穿越渺无人烟的原始森林和暗藏杀机的沼泽草原，为西藏的解放和发展作出了不可磨灭的贡献，也是"老西藏精神"的重要来源。

【链接知识】

对于当代青年来说，理想的实现必须通过实践才能转变为现实。凡有成就者，其渊博的知识、卓越的才能、闪光的智慧、不朽的业绩，都是从艰苦奋斗中得来的。艰苦奋斗是成就人生事业不可或缺的条件。在通向理想的道路上，在实现理想的过程中，没有艰苦奋斗的精神，理想是不会自动转化为现实的。

知识点2: 为什么要信仰马克思主义是科学的、人民的、实践的、不断发展的开放的理论

【案例导读】

历史长河奔流不息，真理之光穿越时空。伴随着马克思主义的到来，旧西藏封建农奴制的崩溃和社会主义新西藏的诞生，都成为历史的必然。在马克思主义旗帜的引领和中国共产党的正确领导下，西藏进行了一系列波澜壮阔的社会变革，完成了从封建农奴制到社会主义制度的巨大飞跃，创造了"短短几十年、跨越上千年"的人间奇迹，实现了由贫穷落后向富裕文明的根本转变，谱写了发展进步的壮丽史诗。

【案例文本】

作为东方奴隶制的最后堡垒，旧西藏地域之广阔、存续之长久、禁锢之严密，罕见程度在当今世界也是少有，到了20世纪50年代，几乎所有的奴隶制都消失不见，因为它们受到了当代文明的憎恶和排斥。然而在此时，旧西藏仍然有封建农奴制残存，这不仅是对整个人类文明、良知和尊严的侮辱，而且与整个国际社会的发展趋势相悖，这是阻碍西藏发展进步的根本因素。

对于西藏来说，要想实现解放，最艰巨的任务不仅是要把饱受苦难，没有人权可言的百万农奴解放出来，使他们摆脱政治的压迫和经济的剥削，还要把这些人民从覆盖在他们身上千年的神权哲学阴影中解救出来，让他们认识到自己的权利与尊严，激发他们为了实现幸

福生活和自身解放而奋斗的热情。

思想上的深刻革命是摧毁旧西藏的封建农奴制的关键，而这一革命需要强大而锐利的理论武器就是马克思主义。马克思主义之所以能够成为理论武器，就在于其能够从现有的生活的各种关系出发，从中发现一系列压制人、限制人、蔑视人、边缘人的问题，在发现问题以后，找到解决问题的有效方法和途径，进而构建出每个人都有其依托的世界。特别是马克思主义关于人的尊严、价值、人的全面发展的光辉火炬，撕破了封建农奴制的黑暗腐朽的面纱，第一次在这片古老的高原上高扬公平正义和平等的旗帜。

千年暗室，一灯即破。习近平总书记在纪念马克思诞辰200周年大会上指出："马克思主义博大精深，归根到底就是一句话，为人类求解放……马克思主义之所以具有跨越国度、跨越时代的影响力，就是因为它植根人民之中，指明了依靠人民推动历史前进的人间正道。"

中国共产党把马克思主义带到了西藏，"公正地处理社会问题，尽一切努力使现代的奴隶得到与人相称的地位"，让旧西藏占人口绝大多数的被压迫的人得到了真实的现实利益、人身自由和精神解放，得到了从未有过的最真挚的作为劳动者应该得到的平等和尊严。马克思指出："尊严是最能使人高尚、使他的活动和他的一切努力具有更加崇高品质的东西。""人们奋斗所争取的一切，都同他们的利益有关。"正是马克思主义的到来，为旧西藏的百万农奴提供了解放自己的最根本的"精神武器"。这一"精神武器"的全部基础在于马克思关于人类解放和人的自由而全面发展的光辉思想。

在解放西藏、解放百万农奴这一伟大的历史进程中，马克思主义深刻批判了旧西藏封建神学不承认人的价值、不尊重人的权利、不

维护人的尊严的一切理论和现实，从根本上撕下了封建农奴制的罪恶面纱，把百万农奴从"会说话的工具"重新变成了人，"把人的世界和人的关系还给人自己"，"人本身是人的最高本质"终于成为可能。百万农奴从封建农奴制锁链中挣脱出来，立即就变成了创造新生活、建设社会主义新西藏的主人，他们用建设社会主义新西藏，创造美好幸福生活的巨大热情和成功实践，在雪域大地生动诠释了马克思主义的真理品格，而这一切，正是因为中国共产党将人民解放作为根本任务和首要前提的必然结果，只有西藏人民的解放，造就"新西藏人民"，才会有这数十年来不断发展进步的"新西藏"。

（参见：刘培勇. 马克思主义：当代西藏发展进步的哲学基础[N]. 拉萨日报，2014-07-05.）

【案例点评】

解放西藏百万农奴，是西藏历史上一次最深刻的社会变革，是马克思主义在西藏的伟大胜利，是中国和世界人权事业的伟大胜利，是世界废奴运动史上的一座里程碑，在西藏发展史、中国现代史和人类社会发展史上都具有划时代的历史意义。

【链接知识】

新时代的青年大学生肩负建设社会主义现代化强国、实现中华民族伟大复兴的中国梦的时代使命，需要全面、准确、科学地认识马克思主义，把握马克思主义的科学价值和实践意义，增强对马克思主义的信仰。

第三节　继承优良传统　弘扬中国精神

知识点1： 中国精神的丰富内涵——伟大创造精神、伟大奋斗精神、伟大团结精神、伟大梦想精神

【案例导读】

过去，人们在打夯时需要有统一的"号子"，这样不同的人才能协同一致，劲才能使在一处。可以说，社会主义核心价值观就是当今中华民族、全体中华儿女心往一处想、劲往一处使的"号子"。历史和现实一再表明，只有建立共同的价值目标，一个国家和民族才会有赖以维系的精神纽带，才会有统一的意志和行动，才会有强大的凝聚力、向心力。在"两路"（"两路"指川藏公路、青藏公路）建成通车60周年之际，习近平总书记把"两路"精神提炼为"一不怕苦、二不怕死，顽强拼搏、甘当路石，军民一家、民族团结"。"两路"精神是马克思主义中国化的具体体现。在内涵特质上践行了中国共产党人的初心使命，在价值目标上追求国家富强人民幸福，是中国精神的强劲彰显。

【案例文本】

"一不怕苦、二不怕死"是青藏、川藏公路的建设者们在筑路过程中喊出的一句著名口号，也是"两路"精神的特质。"两路"建设者们在修建这两条公路时，不顾自己的生命，只想着把路修好，充分

展现了"百折不挠、自强不息"的精神品质。

二郎山海拔虽然只有3400多米，却是"川藏公路第一险"。二郎山的一面极寒干燥，天气晴好，一面非常潮湿，故又被称为"阴阳山"。当年，建设者们夏天筑路，时常下雨，还带有雪和冰雹。筑路的工具也非常简陋，只有铁锹、十字镐等工具。在二郎山的岩壁上，战士们把自己吊在半山腰，一人挥舞铁锤，一人扶着錾子。据记载，为了在悬崖壁上修出一条路，每公里就有7人牺牲。

为实现中华民族伟大复兴的中国梦，"一不怕苦、二不怕死"的精神品质在无数志士仁人身上得到了充分的彰显，他们前仆后继，勇往直前，谱写了一首又一首感人肺腑的壮丽诗歌。自从青藏公路建成后，养路队一直驻守在公路沿线。他们无私守护着这条"大动脉"，不管是风雨严寒还是冰天雪地，仍然与塌方、泥石流搏斗。之所以有被称为"世界屋脊上的苏伊士运河"的青藏公路，离不开一代又一代筑路人、养路人的壮举。青藏公路承担着85%以上的进藏物资和90%以上出藏物资的运输任务，是世界上首条在高寒冻土区全部铺设黑色路面的公路。在公路时代，被誉为"西藏的生命线"。

三十多年前，有一位叫马柯长的雅江兵站副站长，在执行任务时不幸落入山谷。作为儿子的马志辉和马敏兄弟，他们俩长大后，主动请缨去父亲工作过的地方继续战斗！养路工陈德华，被尊称为"雪山铁人"，立下过这样的誓言："我就是死了，也要化成个路标，戳在这山上！""一不怕苦、二不怕死"的精神，早已成为鼓励全国各族人民面临巨大挑战和风险，战胜各种困难的精神力量源泉。

我国长久以来的民族政策包括民族平等、民族团结、各民族共同繁荣。根据史料记载，在"两路"修筑过程中，中央要求进藏部队

"进军西藏,不吃地方",要保持物价稳定,采购粮食要适度,要充分尊重少数民族的历史、文化、宗教信仰,促进军民团结、民族团结。

正因为筑路部队和汉藏民众一起努力奋斗,才使得"两路"通车得以实现。战士们在进藏、修路过程中,时刻想着为藏族人民做好事,这在一定程度上促进了民族的团结,加深了藏民与解放军战士之间的深厚情谊。

在川藏公路修建过程中,有很多英雄人物涌现,国家先后评选出6000多名人民功臣和模范工作者以及200多个先进集体。但我们也需要铭记,有3000多名英烈长眠雪山,他们集中代表了筑路大军对藏族人民、对各民族的团结和祖国统一的一片赤子之心。做好民族工作非常重要,关系到祖国统一和边疆巩固,关系到民族团结和社会稳定,关系到国家的长治久安和繁荣昌盛。在实现中华民族伟大复兴的征程上,我们必须继续弘扬"两路"精神,让各民族像石榴籽一样更加紧紧地抱在一起,在中华民族的大家庭中手足相亲、守望相助。

(参见:訾谦,尕玛多吉. 让壮美信念在雪域高原熠熠生辉——"两路"精神述评[N]. 光明日报,2021-11-19.)

【案例点评】

面对当时的国际国内形势,面对"两路"修筑的环境,中国共产党人没有被困难吓倒,而是以超人的胆识、魄力,用行动证明,各族人民团结一心、众志成城,全国各族人民携手往前奔、不让一个掉队的情谊和民族精神。"两路精神"与社会主义核心价值观相融合,是当代中国发展进步的精神指引,丰富了中国精神谱系内涵,如果没有伟大创造精神、伟大奋斗精神、伟大团结精神、伟大梦想精神,我

们的"川藏路、青藏路"是不可能建成的。"两路精神"是中国精神丰富内涵具体的、生动的诠释和生动的实践。倒下的是英雄，铺就的是道路，铸就的是丰碑。中国共产党成立以来，为赢得民族独立和人民解放、实现国家富强和人民幸福，无数革命先烈矢志不渝、前赴后继，无数平凡英雄接过先辈的接力棒，叫响"一不怕苦、二不怕死"的口号，艰苦奋斗、无私奉献，谱写了气吞山河的英雄史诗。

【链接知识】

在几千年的历史进程中，中国人民用勤劳和智慧书写了辉煌的中华历史，也培育铸就了独特的中国精神。伟大创造精神、伟大奋斗精神、伟大团结精神、伟大梦想精神，传承中华民族的宝贵精神基因，汲取时代的丰厚精神滋养，是对中国精神内涵的系统阐述。

一百多年来，在革命、建设、改革各个历史时期，一代又一代中国共产党人顽强拼搏、不懈奋斗，涌现了一大批视死如归的革命烈士、一大批顽强奋斗的英雄人物、一大批忘我奉献的先进模范，构筑起中国共产党人的精神谱系，极大丰富了中国精神的内涵，鼓舞和激励中国人民攻坚克难，不断从胜利走向新的胜利。

知识点 2： 维护祖国统一和民族团结

【案例导读】

国家统一和民族团结是中华民族根本利益所在。坚持以维护祖国统一和民族团结为着力点，维护全国各族人民大团结的政治局面，旗帜鲜明反对分裂国家的图谋、破坏民族团结的言行，筑牢国家统

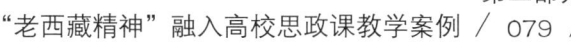

一、民族团结、社会稳定的铜墙铁壁。长眠于西藏的第一位共和国的开国将军谭冠三,值得后人代代继承的是他与他那一代人所创造的"老西藏精神",也就是强烈的爱国主义意识,矢志不渝的国家大一统观念,精忠报国、无私奉献的赤子胸怀的高度综合。他们那一代人所留下的"老西藏精神"值得我们后人去传承和发扬。

【案例文本】

20世纪50年代后期,西藏局势出现波折。在邻省藏区开始民主改革并出现叛乱的情况下,西藏上层反动分子也策划了西藏局部叛乱。谭冠三指挥部队严格执行政策,坚守阵地,多次粉碎叛乱武装分子制造的骚扰和袭击。

谭冠三戎马一生,身经百战,最具影响的是他在1959年3月20日凌晨果断做出的决定,掀开了西藏发展史上最光辉的篇章。古城拉萨隆隆的炮声,成了埋葬封建农奴制度、彻底解放百万农奴的晨钟,也为建设团结、民主、富裕、文明的社会主义新西藏鸣响了礼炮。

1959年3月,西藏上层反动集团以保护达赖安全、阻止达赖到军区看戏为由发动了全面武装叛乱,向我党政军机关发起全面进攻。谭冠三同志在张经武、张国华不在拉萨的情况下,毅然担起了主持西藏全面工作的重任。凌晨5时,谭冠三马上召集工委、军区负责人召开紧急会议,通报情况,研究对策。此时,传来达赖一行渡河南逃的消息,谭冠三眉头紧锁,凭他的经验,马上意识到叛乱武装将在达赖走后陆续逃跑,立即将情况电告中央军委,请示对策。此时,拉萨情况越来越复杂,达赖逃走几小时后,武装叛乱出现了从各据点收缩异动的迹象,而此时中央军委的明确指示尚未到达,如果叛乱武装从拉

萨逃走，将会给以后的平叛造成很大被动。情况十分危急，谭冠三凭着对党、对祖国的赤胆忠心，斩钉截铁地说："打，一切后果由我负责。"尽管只有短短的几个字，却彰显出谭冠三为了国家和人民的利益，不计个人得失，敢于负责的"老西藏精神"。经过52个小时的激烈战斗，除少数叛匪逃匿，大部分被击毙或者俘获。在拉萨平叛的几个昼夜，谭冠三困了就倚在凳子上休息一会儿，有时顾不得吃饭，炊事员把饭菜热了又热，硬是凭着这种高度负责的精神，取得了拉萨平叛的决定性胜利。

党中央、毛主席对谭冠三果断指挥拉萨平叛给予了高度评价。邓小平总书记说："这次平息拉萨叛乱，你谭冠三指挥得很果断嘛！"陈毅元帅紧紧握着谭冠三同志的手说："你辛苦了，你辛苦了！你是西藏的功臣啊！"

（参见：中共西藏自治区委员会党史研究室. 谭冠三与老西藏精神[M]. 北京：中共党史出版社，2011：17—19.）

【案例点评】

爱国，不能停留在口号上，而是要把自己的理想同祖国的前途、民族的命运紧密联系在一起。谭冠三以实际行动体现对祖国的热爱，扎根人民，奉献国家，以一生的真情投入、一辈子的顽强奋斗来践行爱国主义。

"统则强、分必乱"。"藏独"分裂势力及其分裂活动是对祖国统一的现实威胁，必须反对和遏制任何形式的"藏独"分裂活动，不能有任何妥协。谭冠三以自己的实际行动向我们表明了我们绝不允许任何人、任何组织、任何政党在任何时候、以任何形式、把任何一块中

国领土从中国分裂出去。

处理好民族问题、促进民族团结,是关系祖国统一和边疆巩固的大事,是关系民族团结和社会稳定的大事,是关系国家长治久安和中华民族繁荣昌盛的大事。谭冠三忠实、灵活地执行党中央、毛主席的指示和方针政策,有力地维护了祖国的统一和民族的团结。

【链接知识】

要认清"藏独"和"疆独"等各种分裂主义势力的险恶用心和反动本质,坚持原则,明辨是非,不信谣、不传谣,不受分裂分子挑拨煽动,不参与违法犯罪活动,与破坏民族团结的行为作坚决斗争。在危急关头,要坚定立场、挺身而出,敢于同各种分裂活动作斗争,坚决捍卫民族团结进步、共同繁荣发展的大好局面,筑牢各族人民共同维护祖国统一和维护民族团结、维护社会稳定的钢铁长城。

第四节 明确价值要求 践行价值准则

知识点 1: 社会主义核心价值观的基本内容

【案例导读】

民主、自由、平等是社会主义核心价值观的基本内容的一部分,体现了社会主义本质要求,继承了中华优秀传统文化,吸收了世界文明有益成果,体现了时代精神。西藏百万农奴解放是人类社会发展的重大胜利,今天西藏社会的一切变化都起源于民主改革前百万农奴的

解放。从社会人类学的角度考察，民主改革后西藏政治制度朝着民主和代表大多数人利益的方向转变。社会结构朝着有利于社会发展的方面转变，等级森严的社会体制、不平等的社会关系、固化的社会流动被社会主义制度下的人人平等所替代，生产方式朝着有利于生产力发展的方面转变，生产组织与生产要素配置科学化、合理化。财富分配合理化。宗教信仰趋于自由化。婚姻家庭选择自由化。这都与我们社会主义核心价值观的基本内容要求相吻合。

【案例文本】

旧西藏，实行政教合一的封建农奴制度，政权庇护神权，神权控制政权，二者融为一体自上而下地控制西藏地方政权，是"三大领主"的西藏。政教合一的封建农奴制下社会结构等级森严、极不平等、流动受阻，结构内的个体缺乏平等自由流动的可能性，社会固化严重。在这种等级森严的社会结构中神权政治与家族关系凌驾于其他社会关系之上，形成强烈的尊卑等级与人身依附甚至人身占有。

民主改革正是打破了这一结构，从根本上粉碎了三等九级的等级制度，将不平等的社会关系转化为平等的社会关系，破除了禁锢社会流动的种种不合理规定，等级森严转变为消除等级。旧西藏通行了几百年的《十三法典》和《十六法典》，将人分成三等九级，明确规定人们在法律上的地位不平等。占西藏总人口5%的中上等人统治95%的下等人。"三大领主"的利益受法典保护，不容侵犯。民主改革废除了政教合一的封建农奴制，打破了这一森严的等级制度，翻身作主的农奴与被改造的农奴主同样享有社会管理的权利，平等地受到宪法和法律的保护，没有特权阶级。人人平等、命无贵贱。民主改

革变农奴主的西藏为人民的西藏。民主改革解放了农奴使其获得人身自由，使其从农奴变为了人民，在此过程中将农奴主也改造为人民的一分子，农奴主阶级作为剥削阶级被消灭，作为农奴主的人在革命中被改造为普通的人，平等地参与到社会管理中来；实行政治统一、信教自由、政教分离的方针，将政治与宗教相分离。焕然一新的翻身农奴和被改造的农奴主投入到人民政权的建设之中。1961年西藏首次实现了通过行使选举权和被选举权，民主产生各级地方政权。普选出的2600多名人民代表中，贫困农奴就有2000人。社会主义制度下的新西藏，以宪法为根本法，以刑法、刑事诉讼法、民事诉讼法等为基本法，确保公民平等地享受法律赋予的权利履行法律规定的义务。西藏各族人民当家作主的政治制度保障翻身农奴拥有生存权、发展权和各种民主权利，西藏成为人民民主的西藏，实现了政治制度的伟大跨越。

民主改革变政教合一的封建农奴制为人民民主和社会主义制度，将农奴主改造为人民，与农奴及其后代一样，自食其力、多劳多得。在社会主义制度下，由于个体在政治、经济、法律等各项相关事务上享有平等的权利，社会关系趋向平等，有工人、干部、市民、农牧民等身份的差别，也有生活状况的差异，但人们在政治、经济、文化以及社会交往中是平等的、自由的。

中国共产党的领导使社会变革出现了带头人，社会主义制度的出现使变革有了方向，民主改革将社会变革从想象变为现实。这一变革最重要的是将百万农奴从沉重的枷锁和束缚里释放了出来，昔日的农奴的尊严受到了尊重，他们朝着现代文明的方向发展自身；自我革命的农奴主也获得了新生，成为名副其实的劳动者，也成为新社会的

主人。这一意义上讲，民主改革解放了百万农奴，也解放了进步的农奴主，西藏人民实现了真正的人的发展，西藏真正走进了现代文明的社会。

（参见：弓进梅. 百万农奴解放对开启西藏现代文明的思考 [J]. 西藏发展论坛，2020（3）：21-26.）

【案例点评】

社会主义核心价值观的民主、自由、平等，反映了人们对美好社会的期望和憧憬。民主是人民当家作主，不是由别人作主，也不是由少数人作主。西藏百万农奴解放，由西藏人民当家作主，真正成为国家的主人。社会主义核心价值观倡导的自由，是真实的，保证人民充分享有发展自我、实现自我的机会，使每个人都能人生出彩、梦想成真。西藏经过彻底的民主改革，废除了农奴制，解放了生产力，财富分配更加合理化；宗教信仰趋于自由化；婚姻家庭选择自由化。平等是人类追求的美好状态，社会主义核心价值观倡导的平等，是实实在在的平等，西藏人民能够公平行使社会权利、履行社会义务、分享社会成果，政治上参与平等、经济上共同富裕、文化上共建共享，同祖国和时代一起成长进步，才有了西藏今天发展的成就。

【链接知识】

在寻求现代化的过程中，世界上存在着两种不同的类型，即采用资本主义生产方式的现代化和采用社会主义生产方式的现代化。1959年西藏实行民主改革，就是采用社会主义生产方式寻求现代化的又一生动体现。历史已经证明并将继续证明，社会主义具有无比的

优越性和强大的生命力，只有中国共产党和社会主义制度才能救西藏，才能引领西藏走向现代化。当今世界，越来越多的人从西藏的现代化进程中看到了社会主义的魅力和光彩。我们坚信，在以习近平同志为核心的党中央领导下，西藏将更加坚定不移地坚持中国共产党的领导，坚持社会主义制度，坚持民族区域自治制度，西藏的社会主义现代化之路必然越走越宽广！

知识点2： 彰显人民至上的价值立场

【案例导读】

社会主义核心价值观坚持人民历史主体地位，代表最广大人民的根本利益，反映最广大人民的价值诉求，引导最广大人民为实现美好社会理想而奋斗。人民性是社会主义核心价值观的根本特性。2015年，中共中央总书记、国家主席、中央军委主席习近平在中央第六次西藏工作座谈会上提出要加强对口支援西藏工作，优化援藏干部人才结构。随后，以中共中央组织部、原国家卫生计生委等部委推动开展的医疗人才"组团式"援藏工作拉开了帷幕。这充分体现了以习近平同志为核心的党中央对西藏工作的特殊关心、对西藏各族人民的特殊关爱，在中华民族伟大复兴的道路上一个都不能掉队，彰显了社会主义核心价值观人民至上的价值立场。

【案例文本】

为积极响应国家号召，从2015年起，上千名援藏医疗专家奔赴西藏，把自己的青春和汗水挥洒在了这片雪域高原上。受益于组团式

医疗人才援藏工作，西藏自治区全区"1+7"医院发展步入快车道。2022年，178家支援医院派出511名支援人员进驻全区71家县医院开展帮扶工作，其中，重点加强了内科、外科、妇产科、儿科和急救专科及检验、麻醉等科室建设，全区262项县域新业务逐步开展并推广，推动资源共享，补齐了西藏医疗短板，促使医院医疗技术水平取得了跨越式发展，切实满足了藏族人民群众对高水平医疗的需求，彰显了生命至上、人民至上的价值立场，让各族群众享受到前所未有的实惠，以实际行动诠释了"老西藏精神"新的时代内涵。

医疗援藏背后的故事温暖了很多人。大连医科大学及附属第一医院第三批组团式医疗援藏专家李青栋带领那曲市人民医院ICU团队，创造一个个新的纪录，让原本的生命禁区重燃生的希望。2017年11月17日，李青栋抵达那曲不到一个月的时间，就带领ICU团队联合外科一起成功抢救年仅7岁的巨大肝包囊破裂入腹腔、急腹症合并过敏性休克的藏族小朋友。虽然病例特殊且罕见，但在李青栋带领的ICU团队的共同努力下，这位年仅7岁的藏族小患者最终抢救成功。患儿转出ICU回到外科后，李青栋仍放心不下，多次到外科随诊了解患儿恢复情况，直至患儿完全康复出院。出于对李青栋主任的信任，2018年10月，患儿专门到ICU找李青栋主任进行了随诊，患儿身体状态一切良好。家属再次见到李青栋医生，嘴里连连说着"突及其、突及其（谢谢、谢谢）"！李青栋与患儿及家属建立了浓厚的情谊，李青栋认真负责的工作态度获得牧区百姓的爱戴与信赖。

自从来到西藏，李青栋作为援藏医疗专家，面临这样疑难杂症的牧区患者有很多，他总是竭尽全力，毫无怨言。他说："这里条件虽然艰苦，但看看身边的患者，我觉得我的付出是有价值的！"

为培养一支属于那曲自己的技术过硬的医疗专家队伍，李青栋要求当地骨干，在不断提高医疗技术水平的同时，还要互相讲课，通过"教学－学教"的模式，使传帮带真正能够传承下去。即使在凌晨，面对高原地区恶劣的自然条件，李青栋仍然排除万难，到临床帮忙处理解决问题，受到了当地医生的一致敬佩和尊重。

雪域高原的山山水水，都会默默诉说每一位援藏医生无尽的情怀。李青栋说，天下没有远方，那曲就是故乡，不忘初心、牢记使命，党中央通过医疗组团援藏将关怀送给雪域高原，我们会用实际行动为同胞将政策不断落到实处。

（参见：李瑞，许培海，郭天力，曾言言，朱庆，王圣友. 发扬"老西藏精神"助力医疗人才"组团式"援藏[J]. 中国卫生人才，2021（07）：67-69.）

【案例点评】

像李青栋这样奋战在西藏一线的医护工作者还有很多，他们发扬"老西藏精神"，缺氧不缺精神、艰苦不怕吃苦、海拔高境界更高，在工作中不断增强责任感、使命感，增强能力、锤炼作风，践行社会主义核心价值观，体现以人民为中心的价值导向，把人民对美好生活的向往作为奋斗目标。在医护领域，人民至上、生命至上，深刻彰显了我国社会主义核心价值观的人民性。在保护人民群众生命安全面前，不惜一切代价。鲜明的人民性，使得社会主义核心价值观具有强大的感召力。

【链接知识】

"老西藏精神"是中国共产党的优良传统和作风与西藏地区工作实际相结合的产物，广大援藏医疗人才在与群众的零距离接触中结下了深厚情谊，有力促进了民族团结交融，凝聚了人心。在科学治病、健康宣教的同时引导就医群众相信医疗科学，自觉抵制愚昧、迷信就医观念。以上作为贯彻落实"中央关心西藏，全国支援西藏"方针的具体举措，在服务于西藏各族人民生命和身体健康方面发挥了积极、重要的示范作用，营造了"肝胆相照、荣辱与共、凝聚民心、统一思想"的良好氛围，实现了践行社会主义核心价值观和弘扬"老西藏精神"的完美融合。

第五节　遵守道德规范　锤炼道德品格

知识点1：坚持以为人民服务为核心和以集体主义为原则

【案例导读】

为人民服务，不仅是坚持历史唯物主义的必然要求，是中国共产党践行的根本宗旨，也是社会主义道德观的集中体现，是全体中国人民共同遵循的道德要求。社会主义道德的原则是集体主义。在我国，国家利益、社会利益和个人利益在根本上具有一致性，这意味着集体主义应当而且能够在全社会范围内贯彻实施。源自"五湖四海"

的援藏队伍身体力行，向我们彰显了伟大的为人民服务和集体主义的奉献精神。

【案例文本】

援藏人员只要走进西藏，走进这块美丽神奇的高天厚土，就不得不愧对亲情。当兵的愧对年老的父母，援藏的愧对妻子儿女。许多人是体会不到那份愧疚、那份歉意的，也绝不是流着汗、噙着泪就可以弥补的。

1995年5月至1998年7月，李维员任西藏林芝县委副书记兼政法委书记。他曾回忆到，有一年中秋，他认识了一位河北籍的援藏干部。这位援藏干部刚从内地回来不久，然后奇怪地问他怎么现在又着急回去，这位援藏干部神色黯然地告诉他，上次回去是为办新工厂购买设备，而这次回去是奔丧，前后不到一个月，人刚到拉萨，家里报丧的电报却先他到了拉萨办事处。他说，其实他心里早有预感。临返藏的前几天，他那八十四岁高龄的老母亲似乎意识到将不久于人世，嘴里嘟囔着让他多待几天。可是县里急需这批设备，再说秋天晴朗路好走，到了冬天，大雪封山就运不进去了。于是，他含着热泪，跪拜过母亲后，一狠心跟着购运设备的东风车就返藏了。他是家里的老大，又是母亲唯一的儿子，作为母亲从小最疼爱的儿子，却在她生病的时候不能照顾她老人家，确实愧对含辛茹苦的老母亲。说到这，这位身材高大、外表刚毅的河北大汉微闭的双目溢出两行热泪。高原一位诗人写过：他刚刚沐浴了母爱的温暖，转眼间母亲坟头就长满了青草。忠孝两难全啊！

李维员回忆到，他还认识一位"兵哥哥"，是林芝军分区驻墨脱

边防营的上尉连长。他讲述了自己前任连长的故事。1984年4月，这位上尉的前任连长带着四名战士去冰封雪锁的多雄拉山执勤，一场突袭而来的暴风雪将他们掩埋了。到了几个月后的夏天，部队再次组织搜索队上山寻找死难者，他们从雪窝里找到了别去了的战友……说到这里，这位上尉哽咽了，泪水涟涟。他说，你绝对想象不出连长他们牺牲时的情形，连长一副端坐之态，左手扶着枪，右手捂住口袋，口袋里有一封刚收到的信和一张他儿子在幼儿园拍的照片。另一名战士双眼微睁，静望远处，脸上还保留着憧憬美好未来的微笑。清理这位战士的遗物时，从他的贴身口袋里发现其未婚妻的来信和姑娘的倩影。交谈中，他还讲了自己与妻子相会难的故事。墨脱是全国唯一不通公路的县，平时的日用品都是通过人从林芝县的米瑞乡军用口岸上山用马驮进去的，且中途得走三天。他的妻子1993年进来西藏一次，可他因为大雪封山出不来，妻子住了十多天便回去了。1996年夏又进来一次，因为他下边防哨所去了，加上那一段时间没有人下山来，妻子动身前给他写的信足足迟了二个月零五天才收到，那时候妻子已经住了一个月后又回内地去了。这位上尉连长讲自己的故事虽然轻描淡写，可是却能深深地体会到其妻子两次进藏探夫的艰辛以及他们未能相会的悲伤。真正的奉献原来就很平凡，它相伴着多少平凡的牵挂与辛酸，多少人为西藏这片分外厚重的土地的繁荣，丢下父母、妻子、儿女，在一种极为艰涩的环境中，怀着一颗赤诚之心，把对亲人的思念悄无声息地融入高原之中。为了祖国母亲的微笑，他们在远离家乡的高原雪域辛勤耕耘着明天的希望，他们也许愧对亲情，但他们无愧于祖国。

（参见：李维员. 西藏我的第二故乡——愧对亲情[M]. 拉萨：西

藏人民出版社，2007:32-34.）

【案例点评】

为人民服务，既伟大又平凡，既高尚又普通，它并非高不可攀、遥不可及，而是以不同层次、不同形式表现出来。无私奉献、顾全大局、先公后私就是为人民服务，就是彰显集体主义原则。无数的援藏人用自己的实际行动向我们展示了共产党员高尚的道德品质：以为人民服务为核心，以集体主义为原则，舍小家顾大家，哪怕献出自己的生命也在所不惜。

【链接知识】

为人民服务作为社会主义道德的核心，是社会主义道德区别和优越于其他社会形态道德的显著标志。大学生践行为人民服务，就是要弘扬为人民服务的精神，尊重人、理解人、关心人，为人民、为社会、为国家多做好事、多做贡献。集体主义离我们并不遥远，体现于具体的工作生活中。任何人都应当践行集体主义原则，沿着道德的阶梯循序渐进地向上攀登。当代大学生应正确认识和处理国家利益、社会利益和个人利益的关系，自觉坚持个人利益服从集体利益、局部利益服从整体利益、当前利益服从长远利益，反对小团体主义、本位主义和极端个人主义。

知识点 2： 投身崇德向善的道德实践

【案例导读】

职业生活中的道德规范，不仅对各行各业的从业者具有引导和约束作用，而且也是促进社会持续健康、有序发展的必要条件。幸福源自奋斗，成功在于奉献，平凡孕育伟大。事实上，只要有志气有闯劲，普通劳动者都可以在宽广舞台上实现自己的人生价值。一大批劳动模范积极投身国家建设，为国家和人民做出了杰出贡献。

【案例文本】

西藏自治区委党校副校长丁品是位受党教育多年的老同志。他 1960 年进藏工作二十年来，一直安心在西藏工作，兢兢业业，艰苦奋斗，同广大藏汉干部一道，建设着社会主义的新西藏。

那是 1960 年的夏天，丁品所在的工作单位四川省委宣传部，接受了派干部去西藏支援建设的任务。丁品夫妇也就是在这个时候，双双争得了援藏的光荣。爱人程明敏说道："在得知调藏消息的当天，我们就拍了电报告诉千里以外的安徽外婆家。后来，老丁因为工作离不开，一晃就是十年未探望过孩子。等到十年以后，孩子没有一个认识他的，也不喊他爸爸了。但这些都从未影响我们的工作情绪，也没有动摇过我们立志献身西藏人民建设事业的决心。"

采访时，程明敏正当中年，但身体已经很虚弱了。二十年前进藏时，程明敏的身体是很结实的，1974 年，她得了类风湿关节炎，手脚出现局部变形，党组织安排她多次到内地治疗。后来在她病情有

所好转时，她就急于返藏工作。1977年第三次复发时，全身呈半瘫痪状态，但仍坚持工作。她现在病休在家，常常为不能继续为藏族人民工作而苦恼。她从1956年定级，工资几十年没有动过：1963年她看到许多刚参加工作不久的藏族女干部工资很低，就主动表示不要考虑自己，1977年她把调资的机会让给了其他同志，1979年调资时她也没有调。她说："共产党员要立党为公，不能为个人谋私利。"丁品在程明敏谈话末尾加了一句："这些年我们没有计较这些东西，我们始终认为，共产党员应该服从党的需要，为人民多做实事而自豪！"

程明敏在藏工作二十年，把自己的最宝贵的青春年华献给了藏族人民的建设事业，而今天，她身患重病，失去了工作能力，但是对党对藏族人民仍怀有深深的眷念之情。

（参见：耿彭年. "老西藏精神"长存常新[M]. 拉萨：西藏人民出版社，2007:100-103.）

【案例点评】

爱岗敬业、奉献社会是职业生活中的基本道德规范。爱岗敬业就是要干一行爱一行、爱一行钻一行，精益求精，尽职尽责。丁品、程明敏夫妇体现的是从业者热爱工作岗位、对工作极端负责，敬重自己所从事职业的道德操守，是对工作勤奋努力、恪尽职守的行为表现。奉献社会要求从业人员在工作岗位上兢兢业业地为社会和他人作贡献，是社会主义职业道德中最高层次的要求。程明敏放弃自己调资的机会，果断地把机会让给了其他援藏女干部，不为自己谋私利，时刻关心他人利益，这都体现了奉献社会的精神。

【链接知识】

大学生也要发扬"老西藏精神",树立正确的就业观和择业观。择业和创业固然要考虑个人的兴趣和意愿,同时也要充分考虑现实的可能性和社会发展的需要,把自己对职业的期望与社会的需要、现实的可能性结合起来。目前,许多地方的基层单位特别是中西部地区人才需求十分强烈,能够为大学生提供施展才华的广阔空间。大学生应积极响应国家号召,适应社会发展需求,面向基层、面向国家建设第一线去选择自己未来的职业,为经济社会发展贡献智慧和力量。

第六节 学习法治思想 提升法治素养

知识点1: 社会主义法律的运行

【案例导读】

在广义上,法律执行是指国家机关及其公职人员,在国家和公共事务管理中依照法定职权和程序,贯彻和实施法律的活动。在狭义上,法律执行则是指国家行政机关及其公职人员执行法律的活动,也被称为行政执法。行政执法是法律实施和实现的重要环节,必须坚持合法性、合理性、信赖保护、效率等基本原则。我国大部分的法律法规都是由行政机关执行的,行政执法的主体通常是国家行政机关。2022年全国公安系统英雄模范立功集体表彰大会,那曲市安多县公安局交警大队作为"全国模范公安单位"的事迹讲述法的执行,给老

百姓送温暖。

【案例文本】

2022年的全国公安系统英雄模范立功表彰大会举行于北京，那曲市安多县公安局交警大队作为"全国模范公安单位"受到了表彰。安多县交警大队负责人其美永忠在接受记者采访时表示，他在参加全国公安系统表彰大会时，受到了习近平总书记的亲切接见，这让他永生难忘、引以为豪。

安多县的交警们在平均海拔超过4800米的西藏陆路上值守，在崎岖艰险的109国道上忙碌奔波，为70%的进藏物资和30%的人员运输助力护航……就这样日复一日，一点一滴绘就唐古拉山的幸福平安画卷。因为工作性质，执勤警察们身上几乎都有职业病，长期在高海拔的地方工作，导致心脏肥大，多年的寒气入体，导致痛风、关节炎等疾病，迫于无奈，只能长期依赖药物来缓解疼痛。尽管如此，当他们面对与老百姓息息相关的事情时，这些疾病和疼痛全都被抛之脑后，全体民（辅）警都表现出一种"拿自己的命换群众的命，值了"的大无畏牺牲精神。他们始终铭记"全心全意为人民服务"的根本宗旨，用自己的用心与贴心，温暖着来自各个地方的人民群众。

在2019年2月至3月期间，109国道出现了历史上极为罕见的大暴雪，此次大暴雪积雪厚度可达1.5米及以上，积雪的厚度导致民警在短时间内无法清除干净，最严重的时候，车辆拥堵次数10多次，1300多人滞留在高速公路上，面对着零下30多度的气温，焦急与忧虑爬满了每一位民警的脸庞，于是迅速制定策略，在海拔5200多米的唐古拉山口安营扎寨，毫无怨言地投入到除雪保卫战中，一连50

天，每天睡眠时间都不足5个小时，身体力行地做着为人民群众着想的事情。有时候，他们是"修理工"，忙着去修理五花八门的车辆故障；有时候又是"养护工"，为重型货车疏通道路；有时候还是"救生员"，照顾群众的生理不适，他们的身影随时出现在任何需要他们的地方。他们的努力没有白费，取得"双零"的成绩，"交通事故的零发生"以及"高反群众的零死亡"战绩。

在这次罕见降雪的事件中，有一个让人非常感动的事情，一位来自山东的游客张先生，因为降雪的原因，被困在唐古拉山，张先生本人和其儿子因为高反，情况非常严重，危及生命，当民警得知该消息以后，进行了及时的救助，不适的感觉得到非常好的治疗。事后，张先生一直想通过送锦旗的方式表达感激之情，但无法得知救命恩人是谁。他寻找了很久，但未果。时间持续到3个月以后，张先生仍旧将这件事情挂在心上，偶然的一个机会，在公安部官微上看到一张配图，认出了自己的恩人，但是天不遂人愿，在双方准备见面的过程中，曲松因公发生交通事故，不幸殉职，这场见面没能如愿，我们为曲松的离世深感悲痛，但是我们都知道，曲松永远活在大家心中。

安多县交警大队在队伍管理的过程当中，从始至终都在坚持严字当头这个原则不动摇，时时刻刻都绷紧队伍建设这根弦，实施"三个严格"的要求：严格教育、严格管理，严格标准，以铁一般的班子、铁一般的决心、铁一般的纪律带铁一般的队伍。从大队成立到现在，尚未发生过一起因为纪律问题而导致的投诉事件。

安多县交警大队始终以党支部为依托，定期开展纪律作风的整顿，通过各种形式来征求群众、纪检部门的意见建议，并且针对这些意见和建议进行分析和整改，深挖问题根源，制定有效整改方案和措

施。领导班子带头作出榜样，率先作出整改，以群众的需求为核心，以服务群众为根本的宗旨，切实为群众着想，踏踏实实为群众做一些实实惠惠的事情。

（参见：张珊珊. 那曲市安多县公安局交警大队：守护"天路"守护平安[N]. 西藏日报，2022-06-29.）

【案例点评】

立足新起点，开启新征程。安多县公安局交警大队全体民（辅）警将以荣誉为激励、以成绩为鞭策，像一棵大树，把根深深地扎在雪域高原的土地里，用对党忠诚的热度和为民服务的温度滋养根系，不断延绵生长，为群众遮风挡雨。他们在自己的工作岗位上，尽心尽力，不忘初心，面对恶劣的自然天气，仍旧没有屈服，继续传承和弘扬着"老西藏精神"。

【链接知识】

随着我国经济社会持续发展和人民生活水平不断提高，人民群众对民主、法治、公平、正义、安全、环境等方面的要求日益增长，要积极回应人民群众新要求新期待，坚持问题导向、目标导向，树立辩证思维和全局观念，系统研究谋划和解决法治领域人民群众反映强烈的突出问题，不断增强人民群众获得感、幸福感、安全感，用法治保障人民安居乐业。

知识点 2： 我国宪法的地位和基本原则

【案例导读】

坚持依法治国首先要坚持依宪治国，坚持依法执政首先要坚持依宪执政。维护宪法权威，就是维护党和人民共同意志的权威；捍卫宪法尊严，就是捍卫党和人民意志的权威；保证宪法实施，就是保证人民根本利益的实现。我们要深入了解我国宪法的形成和发展，正确理解宪法的地位和基本原则，充分认识加强宪法实施与监督的重大意义，不断增强宪法意识，忠实履行维护宪法尊严、保证宪法实施的职责。

【案例文本】

宪法是国家的根本法，是治国安邦的总章程，具有最高的法律地位、法律权威、法律效力。根据《全国人民代表大会常务委员会关于实行宪法宣誓制度的决定》和《西藏自治区实施宪法宣誓制度办法》，西藏自治区自 2016 年 1 月 1 日开始，与全国同步施行宪法宣誓制度，被任命后的国家工作人员需要现场进行公开宣誓。在西藏自治区十届人大常委会第二十二次会议上，自治区人大常委会任命的区人大常委会副秘书长向巴宗珠、区人大常委会代表人事选举工作委员会副主任贡嘎，向宪法庄严宣誓，成为西藏自治区首次向宪法宣誓的国家公职人员。同日，西藏自治区人大常委会主任白玛赤林举行宪法宣誓仪式，在众人注视下，身着正装的贡嘎、向巴宗珠步入会场中央，站立在宣誓台前，面对国徽，在全体出席会议的自治区人大常委会组

成人员、列席人员和新闻媒体记者的共同见证下，庄严宣誓。

贡嘎作为领誓人，站在宣誓台中央，左手抚按宣誓台上红色封面的《中华人民共和国宪法》，右手举拳并说出"我宣誓"后，向巴宗珠一起举拳，开始领诵、跟诵誓词，神情庄重严肃、声音铿锵。"我宣誓：忠于中华人民共和国宪法，维护宪法权威，履行法定职责，忠于祖国、忠于人民，恪尽职守、廉洁奉公，接受人民监督，为建设富强、民主、文明、和谐的社会主义国家努力奋斗！"誓词结束后，宣誓人各自报出自己的姓名。

白玛赤林强调，这次自治区人大常委会会议举行新任命人员向宪法宣誓仪式，标志着宪法宣誓制度在西藏自治区的正式实施，这对全区上下大力弘扬宪法精神具有重要的示范引领作用。希望每一位宣誓人员牢记对宪法的庄严承诺，切实增强宪法意识，认真履行宪法使命，始终保持对宪法的信仰和敬畏，全面履职尽责，不负人民重托。

宪法宣誓仪式结束后，向巴宗珠坦言心情很激动。他表示，今天的宣誓是对党和组织的庄严承诺，更是在新的岗位上履职尽责的开端。在今后的工作中，将牢牢树立法治意识和为民服务思想，加强学习、依法履职，以实际行动践行誓言。

（参见：廖卫华. 西藏首次举行宪法宣誓[N]. 法治日报，2016-01-26.）

【案例点评】

我国宪法是国家的根本法，是党和人民意志的集中体现。我国现行宪法颁布以来，在坚持中国共产党领导，保障人民当家作主，促进改革开放和社会主义现代化建设，推动社会主义法治国家建设进

程，维护国家统一、民族团结、社会稳定等方面发挥了有力的推动作用。举行宪法宣誓仪式是树立宪法意识、维护宪法权威的现实需要，对于进一步激励和教育国家工作人员忠于宪法、遵守宪法、维护宪法，增强履职责任感和使命感，具有十分重要的作用。

【链接知识】

实践证明，我国现行宪法是符合国情、符合实际、符合时代发展要求的好宪法，是充分体现人民共同意志、充分保障人民民主权利、充分维护人民根本利益的好宪法，是推动国家发展进步、保证人民创造幸福生活、保障中华民族实现伟大复兴的好宪法，是我们国家和人民经受住各种困难和风险考验、始终沿着中国特色社会主义道路前进的根本法治保障。我们要以宪法为最高法律准则，充分发挥宪法的引领、规范和保障作用，把国家各项事业和各项工作全面纳入法治轨道，维护社会公平正义，实现国家和社会生活制度化、法治化，把依法治国、依宪治国工作提高到一个新水平。

第二章 "老西藏精神"融入《毛泽东思想和中国特色社会主义理论体系概论》教学案例

第一节 历史抉择：马克思主义中国化

知识点： 马克思主义中国化时代化的理论成果

【案例导读】

习近平总书记在中央第六次西藏工作座谈会上指出，西藏工作关系党和国家工作大局。在高原上工作，最稀缺的是氧气，最宝贵的是精神。"老西藏精神"是中国共产党在领导西藏和平解放、民主改革、社会主义建设和改革开放的伟大实践中逐渐形成和发展的，中国特色社会主义伟大实践不断赋予它新的时代内涵。"老西藏精神"是新时代西藏各族人民的宝贵精神财富，作为一种精神力量，具有强大的感召力、广泛的凝聚力，为长足发展和长治久安提供强大精神动力。

【案例文本】

马克思主义认为，事物是永恒发展的，是过程的集合体。"老西

藏精神"是在和平解放的过程中产生，在民主改革、社会主义建设和改革开放的伟大实践中不断丰富发展，与红船精神、长征精神、延安精神等一脉相承，是中国革命精神的组成部分。西藏和平解放过程中，进藏官兵面对特殊的自然地理环境条件和社会历史条件，继承和发展马克思列宁主义和毛泽东思想，产生了以"爱国主义、自力更生、吃苦耐劳、边疆为家"等为基本内涵的"老西藏精神"。西藏民主改革时期，中国共产党领导西藏各族人民边平叛边改革，发扬集体主义精神和"一不怕苦、二不怕死"的英雄主义精神，使黑暗落后的旧西藏面貌换新颜，长期建设社会主义新西藏，全心全意为人民服务，丰富发展了"老西藏精神"的核心内容。在西藏改革开放实践中，中国共产党领导广大干部群众艰苦奋斗、无私奉献，涌现出无数个以孔繁森等为代表的弘扬"老西藏精神"的模范人物，逐步形成以"特别能吃苦，特别能战斗，特别能忍耐，特别能团结，特别能奉献"为主要内容的"老西藏精神"。党的十八大以来，中国特色社会主义进入新时代，中国共产党领导西藏各族干部群众艰苦奋斗，依法治藏、长期建藏，在推进长足发展和长治久安的实践中不断赋予"老西藏精神"新的时代内涵。

自 20 世纪 50 年代以来，"老西藏精神"在西藏革命和建设实践中不断丰富发展，与时俱进，穿越时空，对新时代西藏社会主义建设具有重要意义。新时代继续弘扬"老西藏精神"，广大党员干部继承优良传统作风，不断加强党性修养，不忘初心、牢记使命，为经济社会发展提供人才需求；新时代继续弘扬"老西藏精神"，深刻认识反分裂斗争的长期性、艰巨性和复杂性，巩固马克思主义在西藏意识形态领域的指导地位，抵制以十四世达赖为头子的分裂势力的渗透和破

坏，自觉维护国家统一和民族团结，为实现社会长治久安提供精神支撑；新时代继续弘扬"老西藏精神"，坚定理想信念，凝聚共识，艰苦奋斗，创先争优、强基惠民，激励广大干部群众积极加入新时代西藏社会主义建设的伟大实践，为确保西藏与全国一道实现全面建成小康社会的宏伟目标提供智力保障；新时代继续弘扬"老西藏精神"，坚持以人民为中心，立党为公、执政为民，践行全心全意为人民服务的根本宗旨，把党的群众路线贯彻到西藏各项工作之中，为巩固中国共产党在西藏执政根基提供群众基础；新时代继续弘扬"老西藏精神"，解决新的历史起点上西藏社会主义建设面临的新问题，克服新困难，为实现西藏长足发展和长治久安、建设社会主义新西藏的历史任务和使命提供强大精神动力。

（参见：李林. 新时代继续弘扬"老西藏精神"[N]. 西藏日报，2019-7-22.）

【案例点评】

"老西藏精神"是对中国共产党光荣传统和优良作风的继承和发展，是中国共产党在领导西藏革命和建设实践中贯彻执行党的路线方针政策的智慧结晶，是爱国主义精神和全心全意为人民服务宗旨在西藏的具体体现。"老西藏精神"的模范代表们扎根西藏，奉献西藏，在长期建藏的艰苦奋斗中，不断增强各族群众对伟大祖国、中华民族、中华文化、中国共产党、中国特色社会主义的认同。新时代继续弘扬"老西藏精神"，在西藏社会主义建设的伟大实践中，坚持党的领导，推进党的建设的新的伟大工程，提高斗争本领，不断夺取反分裂斗争的新胜利，为实现中华民族伟大复兴的中国梦凝聚磅礴力量。

【链接知识】

"老西藏精神"是毛泽东同志等老一辈无产阶级革命家领导集体对进藏部队教育的结果,"老西藏精神"也是历代党的领导集体进一步肯定和提倡的结果。"老西藏精神"的实质就是中国共产党崇高信仰的体现。它从南湖红船的号角、井冈山斗争的星火、长征队伍不倒的战旗、延安窑洞辉映的灯火、西柏坡赶考的宣言延续而来,具有那个时代最有号召力、凝聚力、战斗力的政党领导下的队伍所具有的一切品格,追求理想、铸造信念,不为私利、不为小集团,而是为祖国为民族的前途,为广大人民群众的幸福。

第二节　旭日东升:毛泽东思想及其历史地位

知识点: 毛泽东思想的主要内容

【案例导读】

习近平指出:"当年,毛泽东同志总结革命斗争经验,把统一战线、武装斗争、党的建设概括为克敌制胜的'三大法宝',为我们党取得新民主主义革命胜利发挥了重要作用,至今依然发挥着重要作用。"1959年3月,轰轰烈烈的西藏民主改革拉开序幕。至1961年春,西藏民主改革基本完成,彻底推翻了落后、黑暗的政教合一的封建农奴制度,实现了西藏历史上划时代的伟大变革。回顾历史,我们不禁要问:为什么我们当时在面临如此艰难的形势、如此艰巨的任务

的情况下，仅用两年多的时间就能够取得如此了不起的成就？

【案例文本】

统一战线是中国共产党凝聚人心、汇聚力量的政治优势和战略方针，是夺取革命、建设、改革事业胜利的重要法宝，是增强党的阶级基础、扩大党的群众基础、巩固党的领导地位的重要法宝。西藏和平解放时期，党的西藏工作的首要任务是建立反帝爱国统一战线，执行《十七条协议》。西藏工委在中央的正确领导下，开展了大量统一战线工作，为推进民主改革，实现西藏社会由封建农奴社会向社会主义社会的历史跨越打下了坚实基础。1959年，西藏地方上层反动分子发动武装叛乱后，党在西藏的反帝爱国统一战线工作进入了新的阶段。回顾西藏和平解放与执行协议时期党的统一战线政策的成功实践，留下了许多启示，影响至今。

第一，围绕工作目标，孤立少数，团结大多数，团结一切可以团结的力量，做到既讲团结又讲斗争，完成西藏工作任务。西藏和平解放时期，党在西藏的工作目标是解放西藏，驱逐帝国主义侵略势力出西藏，西藏人民回到中华人民共和国祖国大家庭中来。为实现这一目标，在和平谈判中，中央人民政府做了必要的让步，在维护国家统一问题上也进行了必要的斗争。中央和地方领导亲自做达赖和班禅额尔德尼等重要上层人士的工作，争取团结上层人士的大多数，孤立极少数；同时，也坚决取缔"伪人民会议"非法组织，打击和孤立反动分子，壮大了反帝爱国统一战线。

第二，从实际出发，以爱国为前提，与反分裂斗争相结合，维护祖国统一和加强民族团结。西藏的统战工作始终坚持爱国主义、爱

国不分先后的原则，在爱国、维护国家统一的前提下，进行统战工作，也始终与帝国主义分裂势力和西藏地方分裂分子进行着不懈的斗争。西藏和平解放时期，统战工作既要在国际上反对帝国主义的干涉，揭露其阴谋；又要解决西藏内部的矛盾，促成达赖和班禅世系团结，巩固国家统一和民族团结。

第三，慎重稳进，与解决民族、宗教问题相联系，在维护国家利益前提下，充分考虑尊重西藏各族人民的宗教信仰和风俗习惯。党在西藏工作中，历来重视民族、宗教问题，坚持慎重稳进的方针，一步一步地、耐心细致地等待社会条件成熟后推进社会改革。在通过上层争取群众、启发他们觉悟的工作中，注意尊重人民群众的宗教信仰和风俗习惯，赢得了各族群众的拥护和支持。

第四，灵活把握，与军事斗争、社会建设相配合，为完成党的重大任务和谋划西藏长远发展奠定基础。和平解放西藏是以政治工作为主、军事工作为辅的方式进行的，政治工作主要是统战工作，统战工作与军事工作密切配合，二者相辅相成，在和平解放西藏过程中发挥了重要作用。西藏和平解放时期，西藏工委和人民解放军开始了西藏的社会建设工作，如修筑公路、创办文教事业、发展卫生事业、开荒种地等，统战工作也发挥了很好的作用。

第五，创造性地开展工作，形成中央和西藏地方相统一的统战工作机制。和平解放西藏时期，党在西藏没有建立组织，没有群众基础。针对西藏社会的复杂情况，以毛泽东、周恩来为代表的中央领导亲自做西藏的统战工作，中央统战部领导直接做西藏统战工作，进军西藏的军队领导和新建的西藏工委领导都精心做统战工作，由此形成了中央和西藏地方相统一的统战工作机制，一直延续至今。

西藏和平解放时期,党的统战工作取得了巨大的成就,开创了党在西藏的统战工作,为以后党在西藏开展统战工作积累了丰富的经验,留下了深刻的启示。新形势下,西藏的统战工作面临新的历史使命和责任。要紧密结合区情,在守住政治底线这个圆心的基础上,按照新颁布的《中国共产党统一战线工作条例(试行)》,把全体社会主义劳动者、社会主义事业建设者、拥护社会主义的爱国者、拥护祖国统一和致力于中华民族伟大复兴的爱国者都团结起来、凝聚起来,为推进"四个全面"战略布局,为实现"两个一百年"奋斗目标、实现中华民族伟大复兴的中国梦提供强大持久广泛的力量支持。要充分运用和发挥好统一战线"凝聚人心、汇聚力量,参政议政、民主监督,人才荟萃、智力密集,协调关系、化解矛盾,求同存异、体谅包容"的法宝优势,团结一切可以团结的力量,调动一切可以调动的积极因素,为谱写中国梦西藏篇章作出积极贡献。

(参见:自治区党委党校:统一战线是西藏民主改革成功的重要法宝,西藏日报,2019-4-22.)

【案例点评】

西藏民主改革的巨大成功进一步启示我们,无论是在哪个历史时期,统一战线始终都是中国共产党凝聚人心、汇聚力量的政治优势和战略方针,是增强党的阶级基础、扩大党的群众基础、巩固党的执政地位的重要法宝,是党夺取一系列事业成功和胜利的重要法宝。今天,在建设社会主义现代化新西藏的伟大征程中,我们依然要运用好党的统一战线这个大法宝,善于调动一切积极因素,化解一切消极因素,团结一切可以团结的力量,为实现西藏的长足发展和长治久安增

添新的更大的活力。

【链接知识】

毛泽东指出，统一战线、武装斗争和党的建设，是中国共产党在中国革命中战胜敌人的三大法宝。他从中国的历史和现实出发，深刻研究中国革命的特点和规律，发展了马克思列宁主义关于无产阶级在民主革命中的领导权思想，创立了无产阶级领导的，工农联盟为基础的，人民大众的，反对帝国主义、封建主义和官僚资本主义的新民主主义革命理论。统一战线是无产阶级政党策略思想的重要内容。建立最广泛的统一战线，首先，是由中国半殖民地半封建社会的阶级状况所决定的。"中国社会是一个两头小中间大的社会，无产阶级和地主大资产阶级都只占少数，最广大的人民是农民、城市小资产阶级以及其他的中间阶级。"作为无产阶级先锋队的中国共产党所领导的革命力量，要战胜作为地主阶级和官僚资产阶级集中代表的国民党所领导的强大的反革命力量，就必须把农民、城市小资产阶级以及其他中间阶级都团结在自己的周围，结成最广泛的统一战线。其次，是由中国革命的长期性、残酷性及其发展的不平衡性所决定的。中国政治经济发展的不平衡性也造成了革命发展的不平衡性，这就使得无产阶级及其政党有必要采取正确的统一战线的策略，把一切可以团结和利用的力量尽可能团结在自己的周围，以逐步从根本上改变敌强我弱的态势，夺取中国革命的最终胜利。

第三节　旗帜道路：新民主主义革命理论

知识点： 新民主主义革命的三大法宝——党的建设

【案例导读】

第十八军进入西藏，解放西藏，遵照毛泽东主席"进军西藏，不吃地方，屯垦戍边，寓兵于民"的教导。第十八军将士一手拿枪，一手拿镐，开始了在西藏的生产建设工作，他们自力更生，不给百姓添负担，得到了西藏广大民众的热烈拥护，使西藏的落后面貌迅速改变。

【案例文本】

谭冠三将军在西藏——开垦生产

遵照毛泽东主席"进军西藏，不吃地方，屯垦戍边，寓兵于民"的教导，和邓小平"政治重于军事，补给重于战斗"的指示，进藏部队为了消除民族隔阂，获得藏族同胞的了解信任，官兵即使吃不上饭，也不吃藏族百姓的东西，即便是风雪天气，没有房子住，也绝不住喇嘛寺庙。进藏部队到达拉萨时已是秋末，为了不增加藏族人民的负担，为了给建设西藏积累经验，他们还没有拂去征尘，又挥戈跃马，精神抖擞地奔赴新的战场——开荒生产。

为了继承和发扬人民解放军的光荣传统，他们到西藏后开垦的第一个农场被命名为"八一农场"。垦荒部队没有任何现代工具，只

有锄头、铁锹和少量的十字镐，荒地上布满沙柳，枝蔓在地下延伸，盘根错节，只有十字镐能发挥作用。

垦荒生产进入高潮的时候，正是隆冬时节，拉萨昼夜温差大，夜里有时零下十几度。在这样困难的条件下，以谭冠三为首的垦荒部队无一例外地住帐篷。帐篷搭在沙沟里，一起风，帐篷都是沙，有时床单上能积一层沙。经过一个多月的奋战，战士们终于在拉萨河畔的荒滩上开垦出了一片土地，约有2300多亩。由于这里是一片荒滩，需要大量施肥，改造土质结构。谭冠三经过调查研究发现，拉萨有大量垃圾、牛角和骨头。牛羊肉是藏民的主要食品，吃了肉就把骨头到处扔，从来也没有想要利用它们。后来牛骨堆得太多，拉萨的木材又短缺，一些聪明的人就想把牛骨垒起来。战士们发现这一情况后，就去跟藏族同胞商量，看能不能把牛骨拿去做肥料。

清扫垃圾的规模更是声势浩大。指挥员们首先搬掉了布达拉宫前堆积了数百年的垃圾山，然后又走街串巷，把所有的垃圾运往西郊农场。这既是前所未有的积肥活动，又是前所未有的一次大扫除。经过这次大扫除，古城拉萨的面貌焕然一新。一些熟知藏族历史的人感慨地说，自松赞干布从雅隆河谷迁都拉萨，在这1300多年恐怕还没有进行过如此大规模的扫除。

冰雪消融，春到高原，战士们在这片新开垦的土地上撒下了第一批种子。春天拉萨降大雨，河水猛涨，新开垦的农田随时有被淹没的危险。谭冠三率先跳下齐腰深的激流，不顾河水刺骨，抢修堤坝，辛勤的劳动换来了丰硕的果实。1952年秋天，八一农场种植的白菜、萝卜、土豆单产均创拉萨地区的最高水平，农场的丰收也给当地农民做出了一个好榜样。藏民伸出大拇指称赞，解放军了不起，他们真诚

地说"金珠玛米亚古都"——解放军好。

（参见：中共西藏自治区委员会党史研究室. 谭冠三与老西藏精神[M]. 北京：中共党史出版社，2011.）

【案例点评】

西藏和平解放后，第十八军将士继续扎根高原，开荒种地、修筑道路、发展生产，全心全意为人民服务。他们与西藏各族人民一道，艰苦创业、英勇斗争、攻坚克难，铸就了"特别能吃苦、特别能战斗、特别能忍耐、特别能团结、特别能奉献"的"老西藏精神"。

【链接知识】

中国共产党要领导革命取得胜利，必须不断加强党的思想建设、组织建设和作风建设。中国共产党在加强自身建设中积累了丰富的经验，归纳起来主要有：第一，必须始终加强党的思想建设。第二，必须在任何时候都重视党的组织建设。第三，必须重视党的作风建设。第四，必须联系党的政治路线加强党的建设。

第四节　一化三改：社会主义改造理论

知识点：适合中国特点的社会主义改造道路

【案例导读】

中共中央在西藏民主改革中，对西藏上层没有参加叛乱的三大

领主实行了和平赎买。这是以毛泽东为代表的中国共产党人运用马克思主义基本原理与西藏的具体情况相结合的结果,也是中国共产党在中国革命实践中经验的总结。

【案例文本】

和平赎买思想在西藏的运用

中国共产党和毛泽东同志将马列主义原理同本国的具体实践相结合,不仅成功地将赎买思想运用于对民族资本主义的社会主义改造,平稳地解决了所有制的变革,而且又将它运用于西藏的民主改革,同样收到了良好的效果,保证了西藏民主改革的顺利进行。

在西藏,以和平赎买的方式解决所有制的变革是符合西藏各族人民的根本利益的。我们都知道,西藏是个藏族十分集中,宗教问题又十分突出,社会历史、自然条件、地理环境、经济结构、心理素质都有自己特点的边疆少数民族地区。西藏的特殊性表现在:

一是从政治上看,西藏是政教合一的僧侣贵族专制的封建农奴制度,政权和宗教紧紧结合在一起,西藏的统治阶级既是政治领袖,又是宗教领袖。二是从经济上看,西藏是一个封建农奴制社会。三大领主占有西藏的全部土地、山川、森林与河流,而且还完全占有农奴的人身。西藏人口95%以上的百万农奴却没有一寸土地。三是从思想观念上看,在政教合一的专制统治下的社会意识中,宗教问题突出,西藏绝大多数人都信仰喇嘛教。加之西藏地理环境、自然条件、交通不便等多方面条件所限,与其他民族的联系甚少,处于非常封闭的处境,缺乏先进的思想意识的指导。四是从民族关系上看,由于帝国主义的挑拨和历代中央政府的民族歧视政策,藏汉民族之间存在着

一定程度的隔阂，他们不了解中国共产党的所作所为。

在西藏民主改革中采取和平赎买政策，不仅必要，而且有可能。无论是从全国还是从西藏来说，都具备了实现赎买的客观条件，能否实行和平赎买，主要取决于被赎买者的态度。

西藏上层统治阶级的政治态度如何是问题的关键。和平解放后的西藏上层阶级具有两面性，一方面，他们作为封建农奴制的统治者，与西藏人民有着尖锐的对立，他们不愿意放弃自己的既得利益，不情愿失去他们的天堂，不可能心安理得地接受社会改革。另一方面，他们当中的大多数又有反帝爱国的积极性。作为半殖民地下的西藏上层统治阶级，他们当中有少数是帝国主义的走狗，有分裂主义的思想，但是大多数与帝国主义之间存在着矛盾，他们对祖国有着强烈的深厚的爱国感，坚决反对西藏成为帝国主义的附庸。从这个意义上讲，这是我们同西藏上层人士建立统一战线的政治基础。十世班禅额尔德尼致电毛泽东主席、朱德总司令表示拥护中央人民政府，希望早日解放西藏。藏族知名爱国人士格达活佛为西藏和平解放奔走。西藏地方政府官员中以阿沛·阿旺晋美等为代表的爱国人士反对达赖逃往国外，主张同中央人民政府和平谈判。在这些爱国人士的斗争和努力下，终于达成了《17条协议》。为西藏的民主改革打下了坚实的基础。

西藏和平解放后，我党坚持发展扩大爱国统一战线，对西藏地方的上层人士本着争取、团结、教育的方针，耐心地解释党的方针政策，并在政治经济上给予特殊的照顾，以争取团结西藏民族宗教上层人士。在西藏，也逐步建立了民族区域自治的人民民主政权，这是在西藏实行和平赎买的政治保证。内地社会主义建设的发展为和平赎买奠定了物质基础，在经济上，国家有力量支持西藏地区的社会改革，

党中央正是从全国的实际，特别是从西藏的实际出发，确定采取和平赎买的政策。

但是对西藏民主改革中实行的赎买，绝不是内地经验的机械照搬和简单的仿照。这是因为两个赎买所处的革命阶段不同、内容不同、对象不同，所以形式也就不可能相同。因此赎买的形式必须从西藏的特点出发，采取了由中央人民政府出钱，偿付其生产资料的价值，赎买的方法一般采取由上登记由下评定，价格协商决定。既不宜偏低，也不宜偏高，赎买采取分期付款的办法，赎买过来的土地、牲畜、农具、多余的房屋分配给农民，到1961年9月，西藏全区的对未叛农奴主及其代理人实行赎买工作基本结束。通过赎买登记发给被赎买户赎买凭证后，原来占有生产资料的农奴主及其代理人只领取赎金，而不再占有生产资料，从而不再具有支配权，这就使生产资料占有关系发生了根本的变化。我们党还将经济赎买和政治赎买紧密地结合起来，对被赎买者在政治上安排适应的工作，最大限度地调动了一切积极因素，扩大了我党在西藏的民主统一战线。

（参见：自治区党委党校：统一战线是西藏民主改革成功的重要法宝，西藏日报，2019-4-22.）

【案例点评】

西藏民主改革的完成，证明了我党对西藏民主改革所采取的政策的正确性，创造了在民族地区实行和平赎买、变革社会制度的成功经验，丰富了马克思主义的理论宝库。毛泽东曾经说：政策和策略是党的生命。只要我们坚持把马列主义的普遍原理同本国的具体实践相结合，坚持实事求是的思想路线，我们的事业就一定会兴旺发达。

【链接知识】

中国共产党从中国的国情出发，确定了对私人资本主义工商业实行和平赎买的政策，即通过国家资本主义方式，在一定年限内让资本家从企业经营所得中获得一部分利润，逐步把资本主义企业改造成社会主义企业。这种赎买政策，在全行业公私合营前实行"四马分肥"，在全行业实行公私合营后，对私股实行定息办法。此外，还给资本家及其代理人安排工作，他们的原有工资不降低。赎买政策的实行，不但减少了资产阶级对社会主义改造的阻力，而且有利于逐步把资本家改造成为自食其力的劳动者。

第五节　筚路蓝缕：社会主义建设道路初步探索的理论成果

知识点1：《论十大关系》重工业和轻工业、农业的关系

【案例导读】

民主改革的胜利，打破了束缚社会经济发展的封建农奴制桎梏，社会生产力得到了空前的解放。在农牧区大力开展生产运动、增产增收的同时，基础工业、交通运输、民族手工业、文教卫生等经济社会事业也加快发展。

【案例文本】

1955年，按照国务院帮助西藏发展交通运输的决定，在国家交通部的支持下，先后成立青藏公路管理局、康藏公路管理局、交通部西藏交通局。1956年春，全国有13个省市给西藏调配汽车驾驶员和修理员，其中，从抗美援朝归国部队中选调300名驾驶员，由部队封存的400辆汽车分别给青藏、康藏公路管理局使用。

随着民主改革的不断深入，西藏现代工业建设逐步加快。1960年正式筹建拉萨机械修配厂，班戈湖区产的硼砂，因其为火箭发射动力燃料，苏联曾指名索要作为偿还债务之用。为此，周恩来总理要求西藏1959年生产硼砂10万吨。国家下拨了大量经费和汽车运输施工设备，西藏与交通局和军区生产部共同研发，全军各大军区分配复员军人4000人参加。化工厂成立后，在班戈湖以西100公里处的杜加里找到新的矿点，但此处没有公路，海拔4800米，环境极其艰苦。部队复员战士和西藏上万职工克服一切困难，自己动手修路架桥，建厂采矿。1960年基本完成周总理的要求，基本上偿还了外债，还为西藏财政积累了大量资金。1962年共产硼砂36.8万吨，实现了利润8460万元，为克服当时西藏经济困难作出了贡献。

民族手工业在西藏有悠久的传统，生产地毯、木碗、藏刀、金银器等。西藏和平解放后，中央人民政府对手工业一直采取扶持帮助的政策，从1953年至1956年发放无息贷款136.6万元。1953年组建拉萨市地毯场。1954年北京地毯总厂派出技术人员帮助设计图案，改进染织技术，促进了地毯业的发展。到1965年，日喀则的手工业户由西藏解放前的399户发展到了1598户。从1959年到1965年，西藏自治

区民族手工业发展到了33个行业，从业人员6670人，总生产总值由124万元增加到了890多万元，是工业种类中增长最快的一个门类。

西藏的文化、教育和卫生、体育等事业出现了蓬勃发展的新局面。1956年创办了西藏第一所中学拉萨中学，到1965年西藏自治区成立，全区共有80所公办小学，教职工2485名，学生66781名，有中学四所，教职工123名，学生1059名，中等师范学校一所，教职工110名，学生465名。在陕西咸阳公学的基础上，1965年创办了西藏第一所高等学府，西藏民族学院，有教职工703名，学生2251名。到1956年，全区已建立专业文艺团体和电影放映单位133个，农牧区的业余文艺队伍也迅速发展壮大起来。地方和军队的文艺工作者们创作和演出大批反映现实生活的优秀节目，风靡全国的《洗衣歌》《逛新城》《丰收之夜》等优秀歌舞节目，以及著名歌唱家才旦卓玛都是在这一时期涌现出来的。以藏族演员为主，反映旧西藏封建农奴制度的电影《农奴》和话剧《不准出生的人》，以及反映藏汉民族团结历史的话剧《文成公主》等的演出，在西藏乃至全国都引起很大轰动，获得好评。

（参见：西藏自治区政府网，2008-10-30.）

【案例点评】

西藏农牧区大力开展生产运动、增产增收的同时，基础工业、交通运输、民族手工业、文教卫生等经济社会事业也加快发展。

【链接知识】

重工业是我国建设的重点。必须优先发展生产资料的生产，但

是决不可以因此忽视生活资料尤其是粮食的生产。如果没有足够的粮食和其他生活必需品，首先就不能养活工人，还谈什么发展重工业？所以，重工业和轻工业、农业的关系，必须处理好。在处理重工业和轻工业、农业的关系上，我们没有犯原则性的错误。我们比苏联和一些东欧国家做得好些。像苏联的粮食产量长期达不到革命前最高水平的问题，像一些东欧国家片面地注重重工业，忽视农业和轻工业，因而市场上的货物不够，货币不稳定。我们对于农业、轻工业是比较注重的。我们一直重视农业，保证了发展工业所需要的粮食和原料。我们的民生日用商品比较丰富，物价和货币是稳定的。

知识点2：《论十大关系》汉族和少数民族的关系

【案例导读】

西藏自治区成立后实行民族区域自治，是中国共产党解决国内民族问题的基本政策，是保障少数民族平等权利的基础和前提。1949年9月产生的《中国人民政治协商会议共同纲领》明确规定，各少数民族聚居地区实行民族区域自治，按照民族聚居的人口多少和区域大小分别建立各种民族自治机关。因此，《17条协议》规定根据中国人民政治协商会议共同纲领的民族政策，在中央人民政府统一领导下，西藏人民有实行民族区域自治的权利。西藏和平解放以后，经过了15年的迂回曲折、复杂艰苦的民主建设，终于在1965年9月正式成立西藏自治区。

【案例文本】

民族区域自治的初期准备。西藏的和平解放,为实现社会制度变革和落实民族区域自治政策奠定了政治基础。但当时西藏社会尚不具备实行民族区域自治的社会条件,还不能直接建立人民民主专政的政权,而是在中央人民政府统一领导下,从西藏的实际情况出发,形成了中华人民共和国昌都地区人民解放委员会、西藏地方政府和班禅堪布会议厅委员会三类不同形式的政权并存的局面。

西藏自治区筹委会成立后至曲折前进的第一阶段,主要是进行成立自治区的筹备工作和改革的准备工作,以及本身的建设等。第二阶段是因改革条件不成熟,为争取上层人士赞成改革,等待他们的觉悟,中央决定在第二个五年计划期间不进行改革,在第三个五年计划期间是否进行改革,要看那时的情况才能决定是否进行。经过八年的观察对比,人民逐步地认识到,只有中国共产党才能真正代表西藏各族人民的利益,不能再忍受封建农奴制度的剥削和压迫,强烈要求进行民主改革,废除封建农奴制度。

培养民族干部,是实行民族区域自治的组织基础和关键问题。在确定进军西藏、经营西藏任务以后,毛泽东先后要求西北局、西南局注重训练藏民干部。邓小平指出,"团结各民族与祖国大家庭的中心,关键之一是在于各民族都有一批热爱祖国,并能联系群众的干部。"周恩来在西藏自治区筹委会成立后多次讲到,在西藏工作的汉族干部,必须培养民族干部,要大量培养藏族干部。遵照这些指示精神,早在1950年进军西藏前后,各有关单位就从北京、甘肃、青海、四川、西康等地吸收了几百名藏族青年学生,分别进行了培养训练,

为解放西藏准备了第一批民族干部。

普选建立各级人民政权。平叛改革为在西藏迅速而顺利地实行民族区域自治扫清了障碍。1959年10月30日,中共西藏工委发出指示,要求在民主改革中建立各级政权组织。指出在平叛后,西藏实行"三反""双减",进行土地改革,逐步建立了县人民政府、农区、半农半牧区,大部分地区建立了县区乡农民协会,为今后在全区开展的工作打下了良好的基础。

西藏自治区正式成立。西藏自治区筹备委员会,在9年多的时间里,为筹备正式成立西藏自治区做了大量工作。此时,全区形势大好,政权巩固,社会稳定,民族团结,生产发展,人民生活改善。成立西藏自治区的条件已经成熟,西藏工委报请中央批准,正式成立西藏自治区。1965年8月23日,国务院全体会议举行第158次会议,讨论了西藏自治区筹委会关于正式成立西藏自治区的报告,同意1965年9月1日召开西藏自治区第一届人民代表大会第一次会议,正式成立西藏自治区,并将这一议案提交全国人民代表大会常务委员会第15次会议批准。第三届全国人民代表大会批准了国务院的议案,通过了关于成立西藏自治区的决议。1965年9月1日,西藏自治区第一届人民代表大会第一次会议在拉萨隆重开幕。出席大会的代表301人。西藏各民族代表占代表总数的80%,其中藏族226人,门巴族、珞巴族、回族、纳西族、怒族等16人。代表中有农奴和奴隶出身的县长、区长、乡长和中共支部书记,有各条战线的先进人物,有爱国上层人士。

(参见:张小康. 雪域长歌:西藏1949-1960 [M]. 北京:中共党史出版社,2014.)

【案例点评】

西藏自治区的成立,是西藏和平解放的历史成果和阶段性目标,是中国共产党的民族政策的光辉胜利。它标志着国家的进步统一和国内各族人民团结更加巩固,标志着西藏地方在共产党领导下的以工农联盟为基础的人民民主专政进一步巩固,标志着西藏民主改革的基本结束。

【链接知识】

《论十大关系》确定了一个基本方针,就是"努力把党内党外、国内国外的一切积极的因素,直接的、间接的积极因素,全部调动起来",为社会主义建设服务。为了贯彻这一方针,报告从十个方面论述了我国社会主义建设需要重点把握的一系列重大关系,内容涉及生产力和生产关系、经济基础和上层建筑各方面。"十大关系"前五条主要讨论经济问题,着眼于调动经济领域各个方面的积极因素。其中前三条讲重工业和轻工业、农业的关系,沿海工业和内地工业的关系,经济建设和国防建设的关系。这实际上是在论述如何开辟一条和苏联有所不同的中国工业化道路问题。第四、五条讲国家、生产单位和生产者个人的关系,中央和地方的关系,开始涉及经济体制改革。这样就初步提出了中国社会主义经济建设的若干新方针、新思路。"十大关系"的后五条,讲汉族和少数民族的关系、党和非党的关系、革命和反革命的关系、是非关系、中国和外国的关系,论述的是政治生活和思想文化生活领域如何调动各种积极因素的问题。

我国是一个由 56 个民族组成的大家庭,处理好民族问题、做好

民族工作，是关系祖国统一和边疆巩固的大事，是关系民族团结和社会稳定的大事，是关系国家长治久安和中华民族繁荣昌盛的大事。

第六节 伟大创举：中国特色社会主义理论体系的形成发展

知识点1： 中国特色社会主义理论体系在新世纪新阶段的新发展

【案例导读】

党的十六大以来，西藏自治区党委、政府认真落实党的富民政策，聚精会神搞建设，一心一意谋发展，把改革开放和现代化建设不断推向前进，使西藏各族人民的生活水平不断提高。各族人民正享受着全面建设小康社会的美好生活，日子越过越好，在幸福的路上越走越欢。

【案例文本】

花开因为春暖。党的十六大以来，西藏各族人民紧紧围绕"一个中心、两件大事、三个确保"的指导思想，全面贯彻党的各项方针政策，认真落实科学发展观，聚精会神搞建设，一心一意谋发展，把改革开放和现代化建设推向前进，西藏发生的巨大变化令世界瞩目。党的十六大以来，西藏经过了"一个转折点、两个里程碑"的光辉历程，经济发展取得显著成就，基础设施建设步伐不断加快，社会事业

全面发展，城乡面貌日新月异，社会局势更加稳定，民族团结，边防巩固，人民安居乐业。西藏有80%的人口是农牧民，农牧业发展水平较低，改善农牧民生产生活条件，增加农牧民收入，是西藏经济社会发展的首要任务。西藏自治区各级党委、政府从解决好群众最关心、最直接、最现实的利益问题入手，一步一步地抓，一年一年地干，使社会主义新农村建设取得明显进展，农牧区面貌发生了新变化。"十五"期间，西藏自治区生产总值连续5年保持12%以上的增长速度，农牧民人均纯收入连续3年保持两位数增长，尤其是2006年，农牧民收入实现了20年来的最高增幅，农牧民人均纯收入达到2435元，增长17.2%。全区掀起了以农牧民安居乐业为突破口的社会主义新农村建设高潮，29万农牧民乔迁新居，雪域高原各族群众精神面貌焕然一新，正在向现代文明的新生活迈进。

对外开放进入了新的阶段。西藏以开放的姿态迎接八方宾朋，一些有识之士和企业纷纷来到西藏寻求商机，寻求发展，为西藏自治区非公有制经济增添了活力，2006年非公有制经济税收首次超过国有集体经济，占全区税收的58%，取得了"十五"以来的最好成绩。此外，消费市场呈现出新的热点，旅游、汽车、住房、餐饮、休闲娱乐等消费需求不断增长，消费拉动经济增长的作用逐渐增强。

这一系列发展成就的取得源于西藏自治区党委、政府站在全面贯彻科学发展观、推进和谐西藏建设的战略高度，坚持以科学发展观统领经济社会发展全局，用科学发展观武装头脑、指导工作、研究问题，紧密结合西藏改革发展稳定的具体实践，统筹协调谋全局；源于西藏各级党委、政府带领西藏各族人民高举中国特色社会主义伟大旗帜，坚定地走中国特色社会主义道路，坚持改革开放，不断解放思

想，锐意进取。

（参见：程晓红. 党的十六大以来西藏全面建设小康社会. 中国西藏新闻网 2007-09-07. http://news.sina.com.cn/c/2007-09-07/034112524368s.shtml.）

【案例点评】

党的十六大以来，以胡锦涛同志为总书记的党中央坚持和完善新时期西藏工作的一系列方针政策，进一步加大对西藏工作的支持力度，西藏社会主义经济建设、政治建设、文化建设、社会建设和党的建设不断取得重大进展。胡锦涛总书记就西藏工作作出重要批示："青藏线的开通为西藏的开发开放和经济社会发展提供了新的历史机遇。要抓住机遇，明确发展思路，实现科学发展。要务必从西藏的实际出发，确保发展为西藏各族人民带来实际利益。"总书记的重要批示，明确指出了西藏发展的关键所在，为我们更好地推进西藏现代化建设事业指明了前进的方向。

【链接知识】

科学发展观在全面建设小康社会的历史进程中不断充实丰富。2004年初，我国宏观经济环境越绷越紧，经济运行的矛盾越来越尖锐。为避免国民经济陷入大起大落困境，中央及时作出加强宏观调控的重大决策。胡锦涛强调，"这次加强和改善宏观调控是贯彻落实以人为本、全面协调可持续的科学发展观的重大实践。"他高度重视总结这次加强和改善宏观调控的新经验，并结合这些新经验及时阐发对科学发展观的新认识。2004年5月，胡锦涛在江苏考察工作时指

出:"科学发展观总结了二十多年来我国改革开放和现代化建设的成功经验,揭示了经济社会发展的客观规律,反映了我们党对发展问题的新认识。"科学发展观是马克思主义同当代中国实际和时代特征相结合的产物,是马克思主义关于发展的世界观和方法论的集中体现,对新形势下实现什么样的发展、怎样发展等重大问题作出了新的科学回答,把我们对中国特色社会主义规律的认识提高到新的水平。党的十八大进一步把科学发展观确立为党必须长期坚持的指导思想。在科学发展观指导下,中国共产党领导全国各族人民,抓住重要战略机遇期,聚精会神搞建设,一心一意谋发展,成功在新的历史起点上坚持和发展了中国特色社会主义。

知识点2: 中国特色社会主义理论体系在新时代的新篇章

【案例导读】

在中国西部有一个特别的乡,当年人口最少的时候,这里仅有3口人:藏民桑杰曲巴和他的两个女儿卓嘎和央宗,这里就是西藏山南市隆子县玉麦乡。半个世纪以来,父女三人以放牧为生的同时,守护着数千平方公里的国土。在这样的地方坚守,既要忍受着物资的匮乏,也要克服一年有大半年与外界隔绝的孤苦。但再累再苦,卓嘎、央宗姐妹俩也没想过逃离。"累得受不了时,就想想阿爸的嘱托,睡醒了就又有干劲了。"卓嘎说。

【案例文本】

卓嘎、央宗姐妹：神圣国土的守护者

6月的西藏隆子县玉麦乡，迎来一年之中最美的时节。海拔5000多米的日拉山冰雪消融，通往玉麦的公路宛如一条丝带，盘旋在喜马拉雅山南麓，载满"朝圣者"的旅游大巴、越野车络绎不绝。

盘山路不知拐了几道弯后，世外桃源般的边境小镇跳入眼帘。"家是玉麦，国是中国"八个大字，诠释了我国西南边陲这一新兴旅游胜地的红色魅力。玉麦曾被称为"中国人口最少乡"。1991年，玉麦第一次进入人们视野。当时，只有卓嘎、央宗和她们的父亲桑杰曲巴3个人生活在那里。父亲是退休的乡长，卓嘎是新任乡长，央宗是唯一的乡民。历史上，玉麦人口最多时有20多户、300多人。随着西藏和平解放，实行民主改革，高原各地发生翻天覆地变化，大多数人不堪忍受玉麦的闭塞和生活的艰苦，陆续迁出，去更好的地方生活。玉麦有多苦？卓嘎、央宗说，下雪时封山半年。下雨更让人发愁，看着满山都是绿树，青稞撒到土里却长不出来。一家人只能以放牧为生。今年卓嘎60岁，央宗58岁，回忆起过往，忍不住落下泪水："我们的母亲和妹妹就因为在牧场上生病，治疗不及时才去世的。""你们为什么不搬出玉麦，到更好的地方生活？"这样的问题，姐妹俩被一次次问起，她们也曾动过这个念头。但是，父亲桑杰曲巴的倔强和坚守，影响了姐妹俩。"我们吃的这点苦，算不上什么！多少人牺牲生命才换来西藏和平解放。"桑杰曲巴的话，姐妹俩铭刻在心。

卓嘎、央宗每天的生活都在凌晨四五点开始，牛群要在天亮前赶上山吃草。等到夜幕降临，牛铃声再次在牧屋边响起，忙碌的一天

才结束。这样的生活,数十年如一日。除了放牧,一家人生活中最重要的事是升国旗。站在高高飘扬的五星红旗下,桑杰曲巴告诉姐妹俩,"这就是国家,有国才有家"。姐妹俩也像父亲一样,把忠诚镌刻在心头:"玉麦是我们祖祖辈辈生活的地方,再苦再累也要守好祖国每一寸土地。"正是在这平凡的岁月中,凝结出不平凡的精神。边境上卓嘎、央宗姐妹放牧的身影,告诉世界这里不是"无人之境",领土主权神圣不可侵犯。姐妹俩的坚守,也换来玉麦的"蝶变"。1995年,玉麦告别"三人乡"的历史,1999年玉麦人口突破20人,2009年突破30人。进入新时代,玉麦乡接入国家电网,告别缺电历史;道路变得更宽了;无线网络覆盖全乡;在卓嘎、央宗姐妹爱国守边事迹的感召下,越来越多群众搬进了玉麦。

卓嘎、央宗姐妹守护着这片神圣国土,谱写了爱国守边的时代赞歌。姐妹俩先后荣获"最美奋斗者""时代楷模""全国三八红旗手"、第七届"全国敬业奉献道德模范"等荣誉称号。姐妹俩看着玉麦一年比一年好,感到无比欣慰。更令人骄傲的是自己的儿女也成为新的守边人。卓嘎的女儿巴桑卓嘎,央宗的儿子索朗顿珠大学毕业后,陆续回到玉麦。索朗顿珠说:"作为有知识的年轻人,更应义不容辞地投身家乡建设,继承前辈的精神,做新一代神圣国土守护者。""卓嘎、央宗姐妹是新时代爱国主义精神的典范。"玉麦乡党委书记胡学民说:"我们将继承和发扬爱国戍边光荣传统,守好祖国每一寸土地,把玉麦建设成更美好的家园。"

(参见:奋斗百年路 启航新征程·数风流人物:卓嘎、央宗姐妹:神圣国土的守护者,2021-6-22。新华网 http://www.xinhuanet.com/politics/2021-06/21/c_1127584054.htm。)

【案例点评】

西藏自治区山南市隆子县玉麦乡两姐妹卓嘎和央宗，几十年如一日，以放牧守边的方式，默默无闻守护祖国领土。冬去春来、雨打风吹、日月轮回，数十年来卓嘎、央宗姐妹如磐石般坚守在玉麦，放牧守边，守护祖国领土、传承爱国精神。她们不仅是神圣国土的守护者，更是幸福家园的建设者。她们用看好守好祖国疆域上一草一木的实际行动说明：有国才能有家，没有国境的安宁，就没有万家的平安。

【链接知识】

国家安全是安邦定国的基石，维护国家安全是全国各族人民根本利益所在。实现中华民族伟大复兴的中国梦，保证人民安居乐业，国家安全是头等大事。没有安全的基础、稳定的环境，什么都搞不成，已经取得的成果也会失去。党的十八大以来，以习近平同志为核心的党中央，站在国家发展和民族复兴的战略高度，全方位推动国家安全工作，从成立中央国家安全委员会到颁布实施新的国家安全法，从形成总体国家安全观到召开国家安全工作座谈会……一系列重大举措明确了指导思想、加强了组织领导、夯实了法治基础、健全了工作体系，为维护国家安全提供了根本遵循。国家安全工作归根结底是保障人民利益，国家安全的根基在人民、力量在人民。只有人人绷紧安全这根弦，拧紧"安全阀"，才能共同构筑护卫国家安全的坚实基础。

第七节　开篇之作：邓小平理论

知识点 1：家庭联产承包责任制

【案例导读】

蓬勃兴起的生产责任制，像挡不住的雅鲁藏布江水，以磅礴的气势和强大的生命力，给西藏自治区广大农牧区带来了巨大的、可喜的新变革。

【案例文本】

1980年中央召开第一次西藏工作会议，明确提出从西藏实际出发，在西藏农牧区实行家庭联产承包责任制，1984年中央召开第二次西藏工作座谈会，确定在坚持土地、草场、森林公有制的前提下，农牧区实行"土地归户使用，自主经营，长期不变"和"牲畜归户，私有私养，自主经营，长期不变"的政策。1980年年底，西藏全区1397个生产队中实行包干到户责任制的已有80%以上，其他生产队有的搞包产到户，有的仍保持包产到组、联产计酬，此外，还有小段包工、专业承包等多种形式。这些不同形式的生产责任制，一般都是根据自然特点和生产条件的差异，本着因地制宜的原则分别落实的。比如扎囊县从当地农业生产条件较差等实际出发，便按照群众的意愿全部实行了包干到户的责任制。在曲松、加查、朗县等地，一般地处山区、居住分散的社队，基本上都是搞包干到户责任制，沿江社队耕

地集中，生产条件较好，大都采取包产到组、联产计酬或包产到户等形式。有的在一个公社范围内，也根据各个生产队的实际情况和群众意愿，分别实行几种不同形式的责任制。比如加查县冷达公社四个生产队中，一二三队靠近雅鲁藏布江，耕地集中，条件较好，便实行包产到组、联产计酬的责任制，四队生产条件较差，就搞包干到户责任制。另外，一些牧业队都是实行借畜户养、借畜还畜的责任制，对一些有传统手艺或专业技术的社员，便实行专业承包责任制。

实行生产责任制，还有力地促进了社员家庭副业生产的发展。在扎囊县，这个县全部实行包干到户责任制后，社员们摆脱了"大呼隆"的束缚，合理安排家庭劳动力，充分发挥自己的专长，在搞好农牧业生产的同时，普遍发展了家庭副业生产，会制陶器的制陶器，会捕鱼的捕鱼，会编柳条筐的编柳条筐，还有3000多户社员利用包干到户的有利条件，发展成自产自销的农副商兼营户，整个山乡副业生产百花齐放，热气腾腾。由于副业生产的蓬勃发展，使这个县在大旱的情况下，出现了农业减产副业补的可喜局面。我们在这个县的卓宇公社采访时，公社会计平措热情地请我们到他家里做客，我们前去一看，原来他家新盖了14间漂亮的藏式新屋。会计告诉我们，盖这房子所花的上万元钱，大多数是实行生产责任制后搞副业的收入。在扎塘公社我们看到，社员其米一家今年就织了8卷，30多条围裙，从外地换回粮食2000多斤。

由于生产责任制调动了群众的积极性，促进了生产的迅速发展，许多社员群众的生活已经发生了显著的变化。在各地采访时，我们了解到不少一两年内由穷变富的事例。加查县冷达公社四队社员洛桑次仁全家12口人，过去每年愁吃愁穿，是全队有名的困难户。1980年

春，实行包干到户责任制后，他家承包了17亩地，由于精耕细作，加强管理，一年多的时间打了8000多斤粮食，人均口粮达到700多斤。同时还养了120多头（只）牛羊，喂了12头猪，增加副业收入700多元。曲松县宗须公社二队社员次仁郎杰全家11口人，原来吃穿靠救济，生活很困难，实行生产责任制后，他们除了承包45头牦牛外，还合理安排全家劳力，打猎、采药、织僵蕾，一年之内总收入超过万元。现在他们家不仅有1万多斤粮食，还盖了5间新房子，添置了6条新被子，买了3部收音机。像上面这样的例子还有好多，这些生动的事实说明，生产责任制的确是治穷致富的金钥匙。

（参见：张成治. 耕耘一个"老西藏"的笔墨生涯[M]. 拉萨：西藏人民出版社，2005:303.）

【案例点评】

党的十一届三中全会以后，在解放思想、实事求是精神的鼓舞下，中国共产党带领农民创造了以家庭承包为主要形式的包产到户、包干到户等生产责任制。1980年5月，邓小平对包产到户给予明确肯定，有力地推动了以家庭联产承包责任制为主要内容的农村改革。西藏与全国一样，农村改革已经走过几十年的辉煌历程。

【链接知识】

邓小平指出："我们现在所干的事业是一项新事业，马克思没有讲过，我们的前人没有做过，其他社会主义国家也没有干过，所以，没有现成的经验可学。我们只能在干中学，在实践中摸索。……关键在于不断地总结经验。"我国改革开放和社会主义现代化建设的崭新

实践，是人民群众生机勃勃的伟大创造，是理论发展的源泉。邓小平始终站在时代潮流的前面，热情地支持、鼓励、保护、引导群众的这种创造。他领导全党从总结群众成功实践的经验中，也从总结工作的某些失误的教训中，把经验上升为理论，揭示了我国社会主义现代化建设的规律，从而创立了邓小平理论。

知识点2： 民族理论

【案例导读】

邓小平民族理论是在社会主义建设过程中把马克思主义民族理论与中国民族问题的具体实践相结合的产物，它是在遵循解放思想、实事求是的思想方法的基础上，在认识和解决中国民族问题的实践中逐步形成的，是马克思主义民族理论的飞跃和发展，其科学内涵极其丰富。

【案例文本】

在民族关系的处理上，必须坚定不移地坚持民族平等和民族团结的原则。

民族平等和民族团结是马克思主义解决民族问题的最基本的一条原则。邓小平在自己的革命实践中，即把这一原则与我国民族问题的具体实际结合起来，提出了许多独到的见解。

解放初期，他在主持西南局工作期间，便指出在中国的历史上，少数民族与汉族的隔阂是很深的。……而今天我们政协共同纲领所规定的民族政策，一定能够清除这种隔阂，实现各民族的大团结。因

此，在民族地区开展工作，首先就要消除大汉族主义的影响，只有消除了这种影响，才能求得民族之间的团结。现在我们民族工作的中心任务是搞好团结，消除隔阂。只要我们切实做了扎扎实实的工作，方法得当，我们完全可以解决几千年遗留下来的民族隔阂，把民族团结搞好。

在以后的社会主义建设事业中，邓小平始终不渝地坚持民族平等和民族团结的原则，并为实现这个目标作出了重要的贡献。要实现各民族之间的真正平等、团结，只有大力发展民族地区的社会经济，缩小民族之间的经济、文化发展水平的差距，这是邓小平一贯的思想。正是在邓小平的直接指挥和理论指导下，我国才形成了一套切实可行、符合国情的帮助少数民族地区进行社会主义现代化建设的方针、政策和措施。今天我国少数民族的各项社会事业能取得如此辉煌的成就，与邓小平及他的正确的民族理论是密切相关的。

在民族地区的发展问题上，主张加速民族地区发展，争取各民族共同繁荣。

要达到各民族的共同富裕，就必然要帮助少数民族地区加快发展，邓小平对帮助民族地区加快发展，争取各民族共同繁荣还有过如下表述："粉碎'四人帮'后，中央政府采取了很多措施发展少数民族地区。""我们帮助少数民族地区发展的政策是坚定不移的。""不仅西藏，其他少数民族地区也一样。我们的政策着眼于把这些地区发展起来。""观察少数民族地区主要是看那个地区能不能发展起来。"这些表述都充分显示了邓小平为实现加快民族地区发展，争取各民族共同繁荣的决心和信心。

十一届三中全会以后，邓小平在民族区域自治的理论和实践上

都作出了重大贡献。以他为核心的第二代领导人把民族区域自治纳入了法制建设的轨道。在1980年的一次中央政治局扩大会议上，邓小平指出：要把"各民族真正实行民族区域自治作为修改完善宪法的一个重要内容"。在他主持制定的《关于建国以来党的若干历史问题的决议》中又强调指出："必须坚持实行民族区域自治，保证少数民族地区根据本地区实际情况贯彻和执行党和国家政策自主权。"在邓小平理论的指导下，1982年，五届人大通过的新宪法规定了民族自治地方享有11条自治权。1984年5月颁布并实施了第一部《民族区域自治法》，标志着我国的民族区域自治步入了制度化、法制化的新阶段。十五大又将这一制度写入了报告，成为中国特色社会主义政治的组成部分。《民族区域自治法》的颁布实施，实际上是邓小平民族理论的重大成果。

（参见：何兴民. 邓小平民族理论的科学内涵[N]. 光明日报，1999-1-4（10）.）

【案例点评】

邓小平强调共同富裕是社会主义的目的，就是要实现一部分地区有条件先发展起来，一部分地区发展慢点，先发展起来的地区带动后发展的地区，最终达到共同富裕，而要达到各民族的共同富裕，就必然要帮助少数民族地区加快发展，正是由于邓小平加速少数民族地区发展，争取各民族共同繁荣的思想具有中国多民族国家的时代特色，所以，这一思想提出不久就被整个社会所接受。

【链接知识】

共同富裕是让一部分人、一部分地区先富起来，先富带后富，最终实现共同富裕。但共同富裕决不等于也不可能是完全平均，决不等于也不可能是所有社会成员在同一时间以同等速度富裕起来；共同富裕作为一个历史过程，全体社会成员在共同富裕的道路上必然会出现有先有后、有快有慢的不同，这是整个社会走向共同富裕的必由之路。这样，就会使整个国民经济不断地波浪式地向前发展，使全国各族人民都能比较快地富裕起来。

第八节 立党之本："三个代表"重要思想

知识点：发展是党执政兴国的第一要务

【案例导读】

从1989年到2002年党的十六大，江泽民同志主持中央工作13年。"这十三年，我们党面临的国内外环境异常复杂，改革开放和现代化建设的任务十分繁重。可以说是外有压力、内有困难，考验不断。""我们遇到了……一系列重大事件，我们都进行了妥善处理和应对。我们党紧紧依靠全国各族人民，改革开放稳定的各项工作都取得了巨大成就。成绩来之不易，经验十分宝贵。"

【案例文本】

1990年7月,年过花甲的江泽民同志,克服高原反应,亲临西藏视察指导工作。1998年3月,九届人大一次会议期间,江泽民同志在参加西藏代表团讨论时说:在我的领导经历中,西藏是我经常记挂的,经常要研究研究。

西藏是我国人口最少的省级行政单位,为什么在作为党和国家最高领导人的江泽民同志心中具有如此重要的地位和作用呢?在江泽民同志亲自指导下形成的第三次西藏工作座谈会文件,从5个方面充分阐述了西藏工作的重要性:第一,从国家安全战略的角度,指出西藏地处祖国西南边疆,面积占国土的八分之一,是西南、西北的天然屏障,是通往南亚的门户,是维护祖国统一、国家安全的前沿,战略地位十分重要。第二,从民族工作战略的角度,指出西藏面临着政治上的反分裂斗争,是我国边疆民族工作的重点地区。第三,从经济发展战略的角度,指出西藏资源丰富,蕴藏着巨大的经济潜力。第四,从国际政治斗争战略的角度,指出西方敌对势力把所谓"西藏问题"作为对付我们的一张牌,企图从战略上遏制中国、搞乱中国,干扰我改革开放,损害我国际形象。第五,从局部和国家全局关系的角度,指出西藏和国家全局的关系是不可分割的整体关系。中央和各省区市支援了西藏,西藏为维护国家统一、民族团结和边防巩固作出了贡献。

江泽民强调,加快经济发展,推进改革开放,改善人民生活,是新时期西藏工作的中心任务。在关系党和国家工作全局的战略地区和战略部门,通过国家和各地的支持,直接引进、吸收和应用先进技术和适用技术,集中力量推动跨越式发展,是我们必须采取的一种发

展战略。对西藏这样的地区，就可以而且应当采取这样的战略。这不仅对西藏的发展进步具有重要意义，对全国的社会主义现代化建设也具有重要意义。

他说，实现西藏的跨越式发展，困难肯定是有的，但是有利条件也很多。随着综合实力的不断增强，国家可以通过各种方式来帮助西藏发展。"十五"期间，国家将继续加大对西藏的投入，重点是基础设施建设。国家将对西藏实行一些特殊的扶持政策和变通办法。全国支持西藏，是中央的重要战略决策。

江泽民说，实现西藏的快速发展，最根本的要靠西藏广大干部群众自力更生、艰苦奋斗。要进一步解放思想，更新观念，坚持把发展作为主题，把结构调整作为主线，把改革开放和科技进步作为动力，以提高人民生活水平作为根本出发点，以创新的思路解决西藏经济社会发展中的突出问题，使之步入良性循环的轨道。

江泽民强调，要根据建立社会主义市场经济的要求，坚持按客观经济规律办事，把国家支持同发挥市场机制的作用结合起来，把国家优惠政策与发挥资源优势结合起来，不断提高经济增长质量和效益，走出一条既有较高发展速度，又有很好效益的新路子。要在保持社会稳定的同时，加大改革开放的力度，调整经济结构，壮大特色产业，实行科教兴藏和可持续发展战略。要始终把提高西藏各族人民的生活水平作为战略任务抓紧抓实。要把国家对西藏的巨大投入同实现各族群众的根本利益结合起来，加大扶贫力度，千方百计扩大就业，不断改善城乡人民生活。

（参见：江泽民. 江泽民文选（第三卷）[M]. 北京：人民出版社，2006：450—515.）

【案例点评】

面对世界经济和科技前所未有的大发展和激烈的国际竞争，只有加快发展，增强经济实力，提高综合国力，才能在风云变幻的国际局势中处于主动地位，立于不败之地。抓住机遇，开拓进取，奋力在这场竞争中取得主动，发展壮大自己，是我们党对国家、对民族、对人民必须肩负起来的历史责任。党要承担起推动中国社会进步的历史责任，必须始终紧紧抓住发展这个执政兴国的第一要务，把坚持党的先进性和发挥社会主义制度的优越性，落实到发展先进生产力、发展先进文化、实现最广大人民的根本利益上来，推动社会全面进步，促进人的全面发展。社会主义要强大，体现优越性，关键在发展。江泽民反复强调："发展是硬道理，这是我们必须始终坚持的一个战略思想。"

【链接知识】

江泽民指出，发展是硬道理，中国解决所有问题的关键在于依靠自己的发展。紧紧抓住发展这个执政兴国的第一要务，党才能实现历史使命和奋斗目标。只有发展，才能实现全面建设小康社会的宏伟目标，进一步提高人民的物质文化生活水平；才能增强我国的综合国力，实现中华民族的伟大复兴。

第九节　继往开来：科学发展观

知识点 1：科学发展观的主要内容

【案例导读】

五年，在历史的长河中，只不过弹指一瞬间，但从党的十六大召开到 2007 年的五年间，西藏经济社会各项事业快速发展，城乡面貌发生了巨大变化。这五年是西藏经济社会发展最快、社会稳定形势最好、人民群众得到实惠最多的五年。由此西藏进入了历史上发展和稳定的最好时期。

【案例文本】

党的十六大以来，西藏自治区党委、政府立足实际，把改善农牧民生产生活条件、增加农牧民收入作为西藏经济社会发展的首要任务，把不断改善群众的生活作为一切工作的出发点和落脚点，鼓励和发展循环经济，大力发展资源消耗少、环境污染小的特色优势产业，在大力发展经济的同时，更加注重社会事业的发展，把促进社会发展和解决民生问题摆在更加突出的位置，在构建和谐社会的征程上迈出了坚实步伐。

2006 年，在西藏范围内掀起了以安居乐业为主要内容的社会主义新农村建设高潮，把解决农牧民住房难、出行难、饮水难、看病难、通信难等问题，作为社会主义新农村建设的头等大事来抓。坚持积极推进、量力而行、充分尊重群众的意愿，投入资金28.38亿元，完成4.7万户农牧民安居工程新建和改扩建任务。同时加强配套设施建设，解决12个乡、123个建制村通公路的问题，新增用电人口21万人，又有32万人喝上了干净卫生的水，已有50个中心乡镇邮政网点正式营业，完成了1064个建制村通电话任务，基本配齐了县乡医疗机构必需设备。

农牧民的钱袋子鼓起来了，农牧民的生活水平和生活质量才会有大的提高。为此，西藏自治区各级党委、政府把继续增加农牧民收入摆在更加突出的位置，投入更多的精力，付出更大的感情，继续加大劳务输出工作力度，鼓励引导农牧民参与工程建设、旅游服务、物资运输、农村公路养护等，加快培养农牧民经纪人和农牧民专业合作经济组织，进一步提高农牧民进入市场的组织化程度，千方百计帮助农牧民增收，使农牧民收入连续四年保持了两位数增长的好势头。

农牧业是西藏经济的基础，为了提高农牧业综合生产能力，西藏政府积极调整农牧业结构，推进传统农牧业向现代农牧业转变。2000年以来，随着粮油肉自给目标的顺利实现，自治区党委、政府及时把"三农"工作的重心从增产向增收转移，提出了经济结构战略性调整新的工作目标，在保护和稳定粮食生产能力的基础上，积极推进种植业结构调整。例如，与日喀则市毗邻而居的白朗县，利用当地离日喀则市区较近，交通方便的区位优势，积极发展蔬菜产业，把内地的菜农请到该县，手把手地教当地农民种植蔬菜，凭着品种丰富、绿色优质等诸多优势，打响了白朗蔬菜的品牌，白朗县因此也成为了日喀则市民的菜园子。

近年来，西藏立足高原特色优势，按照"一产上水平、二产抓

重点、三产大发展"的经济发展战略目标，不断加大对特色产业的扶持力度，努力把资源优势转变为经济优势，培育新的经济增长点。自治区每年都安排大量资金重点支持优质青稞基地、藏鸡藏猪生产基地、优质白绒山羊基地等农牧业特色产业开发项目，使农牧业特色产业开发工作取得了实质性进展，农牧业区域化布局、专业化生产、集约化经营、特色化发展态势开始呈现。同时，积极扶持龙头企业，加快推进农牧业产业化。仅2006年，全区就安排专项资金3亿元，实施特色农牧业项目64个，惠及农牧民36.4万人，实现人均增收660元。13家农牧业产业化龙头企业实现产值9.2亿元，增长8.2%。以特色农牧业为主导的第一产业发展水平不断提高，实现增加值51.1亿元，增长6.5%。

西藏矿产资源丰富，但由于交通不便等原因，矿产资源一直是藏在深闺无人识。青藏铁路的通车为矿产业的发展带来了机遇，自治区各级党委、政府加大了矿产资源开发整合力度。2006年，全区共产出铅矿石41.5万吨，铜矿石126万吨。全区建筑用砂石等普通建材的开采量大幅度增加，年产量达500万立方米，产值超亿元，全区水泥产量已超过80万吨，矿产业正健康稳步发展。

"加快建设自然风光与民族文化相结合的旅游大区，努力把西藏建成精品旅游胜地，把旅游业培育成富民产业和支柱产业"，这是西藏自治区"十一五"期间的旅游发展目标。正是在这一目标的指引下，西藏借助青藏铁路通车、林芝机场通航的重大机遇，大做旅游文章，加强西藏旅游整体形象宣传，西藏旅游业迎来了充满生机的春天。2006年，全区接待游客245万人次，旅游总收入达到27亿元，分别增长36.1%和39.5%。

社会要和谐,首先要发展。西藏自治区在经济大力发展的同时,始终坚持以人为本,更加注重社会事业的发展,把促进社会发展和解决民生问题摆在更加突出的位置,在解决就业、收入分配、社会保障、教育、医疗、文化生活等方面,采取了许多有力的措施,实实在在为群众解决了实际困难。

2007年年初,自治区党委、政府想群众所想,急群众所急,决定着力为民办好六件实事:继续推进农牧民安居工程建设,全面启动廉租住房建设,进一步提高西藏中小学教育"三包"标准、农村五保户供养经费、农牧民免费医疗标准,全面推行农村最低生活保障制度。这六件实事的落实,让广大群众切实享受到了改革发展的成果。

(参见:尼玛潘多. 党的十六大以来西藏立足实际科学发展. 中国西藏新闻网 2007-09-06. http://news.sina.com.cn/c/2007-09-06/042812517567s.shtml.)

【案例点评】

中国共产党要承担起推动中国社会进步的历史责任,必须始终紧紧抓住发展这个执政兴国的第一要务,把坚持党的先进性和发挥社会主义制度的优越性,落实到发展先进生产力、发展先进文化、实现最广大人民的根本利益上来,推动社会全面进步,促进人的全面发展。社会主义要强大,体现优越性,关键在发展。

【链接知识】

科学发展观是马克思主义同当代中国实际和时代特征相结合的产物,是马克思主义关于发展的世界观和方法论的集中体现,科学发

展观着眼于党和人民事业发展的全局，紧紧围绕建设中国特色社会主义这个主题，准确把握时代特征和中国国情，抓住重要战略机遇期，在全面建设小康社会进程中，认真研究和回答我国社会主义经济建设、政治建设、文化建设、社会建设、生态文明建设和党的建设面临的一系列重大问题，丰富和发展了中国特色社会主义理论体系。

知识点2： 以人为本

【案例导读】

以人为本是胡锦涛同志提出的科学发展观的核心，体现了中国共产党全心全意为人民服务的根本宗旨，西藏地区的现代化进程中也体现出以人为本的科学发展观丰富内涵。1959年3月28日，通过民主改革，西藏百万农奴冲破了黑暗、桎梏、苦痛，掌握了自己的命运，成为国家的主人，展开了史诗般波澜壮阔的新生活。他们在以空前的豪情与梦想建设一个新世界的进程中，也深刻地改变着自身。

【案例文本】

人的全面发展，成为西藏最核心的历史进步。

解放，首先意味着健康阳光的生活。烈日下，一群乞丐光着脊梁在捉虱子，黑乎乎的污渍糊着瘦骨嶙峋的躯体。有的祖孙三代十几口人挤在一顶小帐篷里，有的干脆就睡在露天地里。离这堆破烂帐篷不远，高耸着贵族们雕梁画栋的豪宅。——这是一个10岁男孩眼里1958年的"雪域圣城"拉萨。

如今已成为西藏社科院古籍研究所所长的格桑益西，当年是一

个出生于农奴之家的孤儿。讲自己悲惨的童年,他神情黯然:"那时我们这些农奴一无所有,支不完的差,交不清的苛捐杂税,年复一年、一代又一代为领主进行繁重劳动,终年挣扎在贫困、饥饿、死亡的边缘,连气都喘不上来。"面对记者关于"人的发展"的话题,他几乎立刻被激怒了:"在那样的环境中,农奴连活下去都成问题,哪里还能奢谈什么发展?"

不论过去多少岁月,只要翻开1959年以前西藏政教合一封建农奴制时代的史料,人们总会被一种阴森而血腥的氛围所窒息。"会说话的牲畜",这是当年西藏农奴主对农奴的称谓。旧西藏法典上明确写着,下等人命价等于草绳一根。各种酷刑:鞭打、挖眼、剁脚、断手。有些刑具、人头骨、人皮,今天博物馆里的展出还依然令人毛骨悚然。

农奴主完全把农奴当作自己的私有财产,随意用来赌博、买卖、转让、赠送、抵债和交换。农奴的小孩也是农奴,世代不得翻身⋯⋯

千年以来,西藏有着壮丽的雪山、辽阔的草原、滔滔的江河,而这高天沃土之间,百万农奴却没有一寸立锥之地。人们很难相信,在20世纪中叶,人类已经广泛进入现代文明阶段,"世界屋脊"还笼罩在那样一个有如西方中世纪般的黑暗时代之中。

从两个数字即可窥见当时西藏百姓的生存状况:20世纪50年代,西藏人均寿命只有35.5岁,新生儿死亡率则高达430‰。西方思想家早在18世纪初就开始强调"人生而平等"和"人的自由发展",而我们在200多年后讨论西藏人的发展时,还不得不退回人之存在最基本的条件——活着。

1959年民主改革给西藏120万平方公里土地带来的第一个福音

就是，解放了的百万农奴从此可以像一切文明世界的人们一样健康地生活了！

自西藏和平解放以来，国家对西藏农牧民长期实行免费医疗政策，医疗补助标准不断提高，同时投入了巨大力量发展西藏医疗卫生事业。仅改革开放以来，这方面的财政拨款已达18亿多元，每年对农牧民的医疗补贴超过2000万元。今天，西藏人均寿命已上升到67岁，比半个多世纪前几乎翻了一番；而新生儿死亡率降至21.15‰。

生活在健康阳光之下的西藏人，不断创造着震撼世界的奇迹。1960年5月25日，藏族登山运动员贡布创造了人类首次从北坡登顶地球之巅珠穆朗玛峰的纪录。2007年夏，西藏登山探险队成为世界上第一支以团队形式登顶全球14座海拔8000米以上高峰的队伍。

打破千年枷锁、获得了土地和自由、充分享有生存权和发展权的西藏人民，开始像大河解冻般释放自己的力量和智慧。灿若星辰的高端人才不断涌现在雪域高原上。58岁的白玛赤林高票当选西藏自治区新任主席，成为1965年西藏自治区成立以来第八位藏族主席，成为又一个农奴出身走上中国高层政治舞台的焦点人物。创设了数十所希望小学的教育家、蜚声海内外的歌手、解除无数患者病痛的国医圣手、统领千军万马的将军、创造着财富神话的亿万富翁、把作品卖到全世界的画家、夺得奥运摄影全国金奖的记者、在气候变化和野生动物保护方面取得国际先进成果的科学家……灿若群星的高端人才不断涌现，已成为西藏人的素质飞跃式提高的突出表现。

39岁的诺尔基·普琼杰如今以《哈利·波特》的藏文译者而闻名。从2003年起，这位拉萨的报纸编辑翻译了三本《哈利·波特》。他创造性地把"波特"翻译成藏语的"波德"，意思是"勇敢"和

"大难不死"。"我最高兴的是，通过我的工作，无数藏族孩子以自己亲切的母语进入了那个风靡全球的'魔法世界'。"诺尔基·普琼杰说。

2007年央视春晚，西藏拉孜县农民艺术团因一曲《飞弦踏春》蜚声海内外。由此，拥有千年历史的西藏农村民间歌舞"堆谐"被推向了市场，坐着火车、乘着飞机走向五湖四海。36岁的农民演员普琼说："每个藏族人都有天生的歌舞天赋，我们最快乐的事就是唱歌跳舞。现在我们是在快乐中挣钱，在挣钱中快乐。"

（参见："人的全面发展"折射西藏历史进步. 2010-3-28. https://www.chinadaily.com.cn/dfpd/2010-03/28/content_9652682.htm.）

【案例点评】

西藏地区在走向现代化的进程中所取得的成功告诉我们，坚持以人为本的发展理念，就是要坚持发展成果由人民共享，着力提高人民物质文化生活水平，要把改革发展取得的各方面成果，体现在不断提高人民的生活质量和健康水平上，使发展成果更多更公平惠及全体人民，朝着共同富裕方向稳步前进。

【链接知识】

以人为本是科学发展观的核心立场，集中体现了马克思主义的基本原理，体现我们党全心全意为人民服务的根本宗旨和推动经济社会发展的根本目的，是社会主义的本质特征。只有自觉坚持把以人为本的要求贯彻到经济社会发展各方面，体现到党和国家各项方针政策中，实现科学发展才能具有最广泛最深厚的群众基础。

参考文献

[1] 习近平. 习近平谈治国理政 [M]. 北京：外文出版社，2020.

[2] 习近平. 在纪念五四运动 100 周年大会上的讲话 [M]. 北京：人民出版社，2019.

[3] 江泽民. 江泽民文选 [M]. 北京：人民出版社，2006.

[4] 中共西藏自治区委员会党史研究室. 谭冠三与老西藏精神 [M]. 北京：中共党史出版社，2011.

[5] 李维员. 西藏我的第二故乡——愧对亲情 [M]. 西藏：西藏人民出版社，2007.

[6] 耿彭年. "老西藏精神"长存常新 [M]. 西藏：西藏人民出版社，2007.

[7] 张小康. 雪域长歌：西藏 1949—1960[M]. 北京：中共党史出版社，2014.

[8] 张成治. 耕耘一个"老西藏"的笔墨生涯 [M]. 拉萨：西藏人民出版社，2005.

[9] 西藏职业技术学院. 老西藏精神教育概论 [M]. 2019.

[10] 教育部思想政治教育司. 思想政治教育原理与方法 [M]. 北京：高等教育出版社，2014.

[11] 阴法唐. 老西藏精神论 [J]. 西藏发展论坛，2012（1）.

[12] 习近平. 高举中国特色社会主义伟大旗帜为全面建设社会主义现代化国家而团结奋斗——在中国共产党第二十次全国代表大会上的报告 [J]. 求是，2022（21）.

[13] 张顺涛，杨天明，巩建宇. 党史学习教育融入高校"大思政课"的实践进路 [J]. 学校党建与思想教育，2023（12）.

[14] 闵德美."大思政课"视域的思政教师队伍优化 [J]. 中学政治教学参考，2022（22）.

[15] 郭正新. 张国华、谭冠三率领十八军进军西藏 [J]. 史事忆念，2021（12）.

[16] 王天民，郑丽丽. 全媒体时代"大思政课"建构的审视与优化 [J]. 北京航空航天大学学报，2022（10）.

[17] 习近平. 共享民族复兴的伟大荣光 [N]. 光明日报，2021-08-25.

[18] 全面贯彻新时代党的治藏方略，建设团结富裕文明和谐美丽的社会主义现代化新西藏 [N]. 人民日报，2020-08-30.

[19] 把思政课办得越来越好：论学习贯彻习近平总书记在学校思政课教师座谈会上重要讲话 [N]. 人民日报，2019-03-19.

[20] "大思政课"我们要善用之 [N]. 人民日报，2021-03-07.

[21] 把思想政治工作贯穿教育教学全过程开创我国高等教育事业发展新局面 [N]. 人民日报，2016-12-09.

[22] 秦宣. 善用"大思政课"培育时代新人 [N]. 人民日报，2021-08-02.

[23] 李林. 新时代继续弘扬"老西藏精神" [N]. 西藏日报，2019-7-22.